Le TROISIÈME JÉSUS

Du même auteur chez le même éditeur :
Se libérer des dépendances (avec David Simon)
Bouddha, Histoire d'une illumination
La vie après la mort
Pouvoir liberté et grâce
Les Sept Lois Spirituelles du Succès
Osons la Paix
La maternité, une aventure fabuleuse

Traduit de l'américain par André Couture

ISBN : 978-2-84445-940-4

www.editions-tredaniel.com
infos@guytredaniel.fr

Deepak Chopra

Le TROISIÈME JÉSUS

Le Christ que nous ne pouvons ignorer

Guy Trédaniel Éditeur
19, rue Saint-Séverin
75005 Paris

Aux Frères chrétiens irlandais qui,
en Inde, m'ont fait connaître Jésus quand j'étais un petit garcon

SOMMAIRE

INTRODUCTION

LE CHRIST a laissé derrière lui une énigme que deux mille ans de culte n'ont pas élucidée. Cette énigme tient en une seule phrase : pourquoi est-il impossible de suivre les enseignements de Jésus ? Des millions de chrétiens seront peut-être surpris d'apprendre l'existence de cette énigme. Ils aiment, ils prient, ils s'efforcent de suivre quotidiennement l'enseignement du Christ ; ils sont compatissants et font la charité en son nom. Et pourtant, leurs actions humanitaires et louables, motivées par le désir de servir Dieu, ne remplissent pas le mandat profond que le Christ leur a confié.

Ce que Jésus a réellement enseigné est à la fois plus révolutionnaire et plus mystique. Au cours de mon enfance en Inde, j'ai entendu parler de la règle d'or des Frères chrétiens irlandais pour diriger notre école. Ce principe de base du christianisme est si simple que même des enfants peuvent le comprendre : « Tout ce que vous voulez que les hommes fassent pour vous, faites-le de même pour eux » (Matthieu 7, 12). Alors, où est l'énigme ? Qu'y a-t-il de révolutionnaire et de mystique dans tout cela ?

Prise au sens littéral, la règle d'or nous engage à traiter nos ennemis comme nos égaux, ce qui revient à dire que nous n'avons pas d'ennemis. Jésus n'a-t-il pas dit : « Choisissez les gens les plus faciles et traitez-les bien, comme vous voudriez qu'on vous traite. » C'est la règle dorée – autrement dit, ce qu'est devenue la règle d'or lorsque les gens se sont rendu compte qu'ils ne pouvaient pas adapter les enseignements de Jésus à la nature humaine. Aimer ceux qui nous aiment et non ceux qui nous haïssent est inscrit dans la nature humaine. Répliquer lorsqu'on nous attaque est inscrit dans la nature humaine (ce qui contredit un autre principe de Jésus : ne succombez pas à la tentation). Jésus, lui, ne fait pas de concessions : plusieurs de ses paroles les plus connues défient la nature humaine. Il dit : « Présente l'autre joue » ; « Aime ton prochain comme toi-même. »

Si les paroles de Jésus sont trop révolutionnaires pour que l'on puisse les suivre, quelles étaient donc ses intentions ? Ou bien avons-nous mal compris un maître spirituel qui semble pourtant si clair, si simple, si direct ? Jésus propose un point de vue entièrement nouveau de la nature humaine et, à moins de vous transformer, vous ne comprendrez pas ce qu'il a à dire. Vous pourrez vous démener toute votre vie durant pour être un bon chrétien sans parvenir à faire ce que Jésus demande si explicitement.

En fait, il veut inspirer un monde réincarné en Dieu. Cette vision est extraordinairement ambitieuse. Elle nous dirige vers un royaume mystique, le seul endroit où la nature humaine peut changer en profondeur. Sur le plan de l'âme, nous y découvrirons comment aimer nos voisins comme nous-mêmes ; nous serons capables de franchir les obstacles qui nous empêchent de traiter les autres comme nous voulons être traités. Jésus décrit le royaume de l'âme comme le royaume de Dieu, et il dit clairement que celui-ci arrivera sur la Terre. (« Que ta volonté soit faite sur la Terre comme au ciel », dit le *Notre Père*.) Dieu doit remplacer César pour ce qui est des affaires terrestres, et toutes les conditions de la vie matérielle changeront. Jésus ne peut pas être plus direct quand il affirme que la transformation totale approche. C'est sans aucun doute son message le plus important : « Dès le moment où Jésus a commencé à prêcher, il a dit : "Repentez-vous, car le royaume des cieux est proche" » (Matthieu 4, 17).

Et pourtant, Jésus n'a pas réussi à susciter le règne de Dieu sur Terre et, à peine une génération après sa mort, au moment même où le christianisme se répandait avec une rapidité et une intensité stupéfiantes, sa vision révolutionnaire était compromise. Les disciples qui l'avaient suivi savaient, sans l'ombre d'un doute, qu'ils avaient rencontré un personnage d'une importance capitale, mais ils ne pouvaient parler avec ferveur de leur foi si nouvelle et si mystérieuse. Ils s'efforçaient de vivre selon les paroles de Jésus et, à plusieurs égards, ils échouaient souvent. Des querelles de pouvoir éclataient entre eux et ils se disputaient à propos de la doctrine. Ils nourrissaient des doutes et des craintes d'être persécutés. Jalousie et désirs sexuels avaient laissé en eux des traces séculaires. Des questions aussi simples que choisir entre Pierre et Paul comme porte-parole les divisaient.

À l'intérieur de l'Église des premiers temps, querelles et conflits se sont multipliés, comme dans toutes les croyances qui l'avaient précédée. Sortir de ce chaos, survivre en tant que disciples du Messie était un défi qui mettait la vie en danger. En conséquence, le christianisme a été forcé d'édulcorer la vision de Jésus. Une transformation complète de la nature humaine était impossible. Les rares croyants qui y sont parvenus étaient des saints – des êtres très éloignés d'un monde pervers, grouillant et corrompu.

Dans le présent ouvrage, je prétends que la vision de Jésus n'est pas impossible à réaliser. Bien sûr, elle est révolutionnaire et mystique, rien de cela n'a changé. Mais le dilemme qu'elle sous-tend – à savoir comment vivre comme Jésus nous l'a demandé – peut être résolu. En réalité, il doit être résolu si l'on veut que Jésus ait un avenir significatif. Afin de trouver réponse à l'énigme du Christ, nous devons commencer par une chirurgie draconienne, c'est-à-dire tailler dans le Jésus vétuste que nous connaissons (même ceux qui, comme moi, n'ont pas été élevés au sein de l'Église). La version traditionnelle de Jésus repose sur un compromis : elle accepte l'échec fondamental de la vision du Christ. Nous devons aller au-delà de ce compromis.

Jésus n'est pas descendu physiquement de la résidence de Dieu située au-dessus des nuages, et il n'y est pas retourné pour s'y asseoir à la droite du trône. Ce qui fait de Jésus le fils de Dieu, c'est qu'il a atteint la connaissance de Dieu. Jésus le répète sans cesse : « Mon Père et moi sommes un. » Pour lui, il n'y avait aucune séparation entre ses pensées et celles de Dieu, ses sentiments et ceux de Dieu, ses actions et celles que Dieu voulait qu'il accomplisse. Je sais que je répète ici les paroles les plus fondamentales de Jésus, mais nous n'avons d'autre choix que de commencer par le commencement. Le mot « radical » vient du latin *radix*, qui signifie « racine ». Le Jésus radical est allé à la racine de la condition humaine, et son approche de la souffrance visait à éradiquer celle-ci, c'est-à-dire à la mettre en pièces après l'avoir déracinée.

Cependant, mon lien avec Jésus est beaucoup plus personnel. Il remonte à mon enfance, lorsque j'entendais, à l'école catholique que je fréquentais, des prières chrétiennes et, chez moi, des chants védiques. On m'encourageait à respecter chaque croyance, ce qui n'était pas un devoir stérile mais un immense plaisir. Nous pouvions, mes amis et moi, passer le réveillon de Noël chez un chrétien sans que cela paraisse étrange, tout comme nous pouvions nous rendre chez un musulman ou un parsi pour assister à ses fêtes et à ses cérémonies religieuses. J'ai grandi au début des années cinquante, et je serais bien naïf si je croyais que c'était une époque d'innocence en Inde. En 1947, des centaines de milliers d'hindous et de musulmans avaient souffert de la partition de l'Inde et du Pakistan par les Britanniques. J'étais un de ces « enfants de minuit » (appelés ainsi parce que la nation moderne indienne est née le 15 août 1947 sur le coup de minuit) et je vivais à mi-chemin entre idéalisme et violence.

Soixante ans plus tard, le monde change à nouveau, rapidement et dans une grande confusion. Dans ce ferment de changement, il existe une ouverture pour le renouvellement de la vision révolutionnaire de Jésus. Comme l'eau, l'esprit ne demeure frais que s'il circule.

En fin de compte, j'essaie de dire, dans ce livre, ce que le Nouveau Testament signifie réellement – toutes ces choses surprenantes évoquées avec des mots simples. Personne ne peut se conduire comme un étranger qui s'efforce de faire de Jésus le centre de son chemin vers la spiritualité, et personne ne peut minimiser ses paroles alors que la culpabilité, la douleur et la souffrance continuent à faire souffrir tant de gens sur cette Terre.

Première partie

Le troisième Jésus

SAUVER LE RÉDEMPTEUR

JÉSUS a des ennuis. De nos jours, quand les gens lui vouent un culte – ou prononcent tout simplement son nom –, il est peu probable que l'objet de leur piété soit celui qu'ils imaginent. Au fil du temps, un Jésus mythique est apparu qui a servi à diviser peuples et nations. Des guerres destructrices ont été faites au nom de lubies religieuses. L'héritage de l'amour que l'on trouve dans le Nouveau Testament a été souillé par les pires intolérances et préjugés. Chose plus troublante encore, des gens qui haïssent et prétendent qu'ils le font au nom de l'amour ont détourné ses enseignements.

« Parfois, je sens une pression sociale qui m'incite à revenir à ma foi, m'a confié récemment un catholique, mais je suis trop déçu. Comment pourrais-je aimer une religion qui qualifie les gais de pécheurs et qui cache ses prêtres pédophiles ? Hier, alors que je me rendais au bureau, j'ai entendu une chanson rock qui disait : "Jésus a marché sur l'eau alors qu'il aurait dû faire du surf." Je me suis esclaffé. Je n'aurais jamais fait cela dans mon jeune âge. Aujourd'hui, je ressens à peine une once de culpabilité. »

Où que l'on regarde, un nuage de confusion flotte au-dessus du message de Jésus. Pour sortir de ce nuage, nous devons nous exprimer plus clairement quand nous parlons de lui. Le premier Jésus est historique, et nous ne savons à peu près rien de lui. Le deuxième est celui que le christianisme s'est approprié. Le troisième, celui dont nous parlons dans cet ouvrage, est tellement méconnu que même les plus fervents chrétiens ignorent son existence. Et pourtant, il s'agit du Christ que nous ne pouvons pas ignorer.

Le premier Jésus est un rabbin qui, il y a plus de vingt siècles, a marché sur les berges du nord de la Galilée. Ce Jésus nous semble si proche que nous avons l'impression que nous pourrions le toucher. Dans l'œil de notre esprit, il apparaît comme un être simple mais auréolé de gloire. Il est aimable, serein, pacifique, tendre, et pourtant il est le gardien de mystères impénétrables.

Ce Jésus historique a pourtant presque disparu, balayé par l'histoire. Il subsiste encore, cependant, tel un fantôme, comme une projection de ces qualités idéales auxquelles nous aspirons tant et dont nous manquons si cruellement. Mais pourquoi ne pourrait-il exister une personne tendre, compatissante et humble ? C'est possible si nous l'appelons Jésus et que nous le faisons sortir d'une période vieille de milliers d'années. (Si l'on habite l'Orient, ce peut être Bouddha, une entité tout aussi mythique qui est également une projection découlant de notre propre imperfection.)

Ainsi qu'une lecture approfondie des Évangiles le démontre, le premier Jésus est un personnage contradictoire. S'il est pacifique, pourquoi déclare-t-il : « Ne croyez pas que je sois venu apporter la paix sur la Terre ; je ne suis pas venu apporter la paix, mais l'épée » (Matthieu 10, 34) ? S'il est tendre, pourquoi dit-il : « Et le serviteur inutile, jetez-le dans les ténèbres du dehors, où il y aura des pleurs et des grincements de dents » (Matthieu 25, 30) ? (Certaines versions sont plus dures encore : Jésus demande que l'on jette le serviteur en enfer.) Si Jésus est une humble, pourquoi aspire-t-il à régner sur la Terre par-delà le pouvoir de tous les rois ? Le moins que l'on puisse dire, c'est que ce Jésus est plein de contradictions.

Plus on découvre ses contradictions, plus Jésus perd son caractère mystique. Cet homme de chair et de sang, perdu dans l'histoire, a certes été incroyablement humain. Car pour devenir divin il faut d'abord posséder toutes les qualités humaines. L'un des signes de la connaissance n'est-il pas la capacité d'admettre les paradoxes et de voir au-delà des contraires ? Comme l'a dit un maître spirituel indien bien connu : « On mesure la connaissance d'une personne à la façon dont elle peut vivre avec ses propres contradictions. »

Des millions de gens vénèrent un autre Jésus, un Jésus qui n'a jamais existé, qui ne revendique même pas la nature passagère du premier Jésus. Ce Jésus a été forgé, pendant des milliers d'années, par des théologiens et des spécialistes. Il s'agit de l'Esprit-Saint, du Christ en trois personnes, source des prières et des sacrements inconnus du rabbin Jésus alors qu'il foulait le sol de la Terre. Il s'agit aussi du Prince de la paix, au nom duquel tant de guerres ont éclaté. On ne peut saisir ce deuxième Jésus sans d'abord comprendre la théologie. La théologie varie selon les mouvements des affaires terrestres. La métaphysique elle-même est tellement complexe qu'elle contredit la simplicité des paroles de Jésus. A-t-il discuté avec des théologiens du sens de l'eucharistie ? Aurait-il faite sienne une doctrine qui déclare que les enfants sont damnés tant et aussi longtemps qu'ils ne sont pas baptisés ?

Le deuxième Jésus nous emmène dans le désert de la théologie sans nous offrir de moyen d'en sortir. Il est devenu le fondement d'une religion qui a proliféré en quelque vingt mille sectes qui se querellent à propos de chaque fil des vêtements d'un fantôme. Une autorité, si exaltée soit-elle, est-elle en mesure de nous livrer ce que Jésus aurait dit ? Soutenir que Jésus est une création unique – la seule et unique incarnation de Dieu – et prétendre du même coup que l'on devine ses pensées au sujet des événements actuels ne procède-t-il pas d'une contradiction évidente ? Et pourtant, le christianisme se prononce, en son nom, sur l'homosexualité, la contraception et l'avortement.

Ces deux Jésus – le personnage historique sommaire et la création théologique abstraite – ont pour moi un aspect tragique, car je les blâme d'avoir occulté quelque chose de précieux : le Jésus qui a enseigné à ses disciples comment accéder à la connaissance de Dieu. Je préfère croire que Jésus est vraiment, comme il l'a proclamé, un sauveur. Non pas *le* sauveur – non plus que le seul et unique fils de Dieu –, mais le Jésus qui incarne la connaissance supérieure et qui a consacré sa brève vie d'adulte à la décrire, à l'enseigner et à la transmettre aux générations futures.

Jésus voulait sauver le monde en montrant aux autres la voie vers la connaissance de Dieu.

Ces paroles du Nouveau Testament ne diminuent en rien l'importance des deux premiers Jésus. Au contraire, elles jettent un éclairage beaucoup plus net sur eux. Au lieu d'une histoire perdue dans le temps et d'une théologie complexe, Jésus offre une relation personnelle et présente. Notre tâche consiste à fouiller les Saintes Écritures et à faire la preuve qu'une carte de la connaissance y est incluse. Pour ma part, j'en suis convaincu sans l'ombre d'un doute, car il s'agit là de l'aspect vivant et authentique des Évangiles. Nous ne parlons pas ici de foi. La foi traditionnelle, c'est croire à l'impossible (comme croire que Jésus a marché sur l'eau). Mais il y a une autre foi qui nous transmet la capacité d'atteindre l'inconnu et de parvenir à la transformation.

Jésus a parlé de la nécessité de croire en lui en tant que voie vers le salut, mais ce sont ses disciples qui lui ont mis ces mots dans la bouche des décennies plus tard. Le Nouveau Testament est une interprétation de Jésus faite par des gens qui se sont sentis à la fois réincarnés et abandonnés. Selon le christianisme orthodoxe, ils ne seront pas oubliés éternellement : à l'avènement du deuxième Messie, Jésus viendra chercher les croyants. Or, ce deuxième avènement a eu vingt siècles pour se produire, et il n'apparaît toujours pas à l'horizon. Cette idée d'un deuxième avènement est très dommageable pour les intentions de Jésus, car il remet à plus tard ce qui doit se produire maintenant. Le troisième avènement – accéder à la connaissance de Dieu par nos propres moyens – peut avoir lieu aujourd'hui. J'emploie ces deux mots comme une métaphore afin de décrire le changement de conscience qui rend les enseignements de Jésus tout à fait réels et vitaux.

Quand Jésus reviendra

Imaginez-vous que vous faites partie des fermiers, des pêcheurs et des ouvriers agricoles besogneux qui ont entendu parler d'un rabbin errant qui promet le Ciel non pas aux riches et aux puissants, mais à vos semblables, les plus humbles de la société. Ce jour-là – nous pouvons présumer qu'il fait chaud et sec et que le soleil du désert darde ses rayons –, vous vous mettez en route et gravissez une montagne sise au nord du lac de Tibériade – aussi connu sous le nom de mer de Galilée.

Au sommet de la montagne, Jésus est assis en compagnie de ses disciples. Il attend qu'il y ait assez de gens autour de lui pour commencer son sermon. Vous attendez, vous aussi, et recherchez un peu d'ombre sous les oliviers noueux qui se dressent dans le paysage inondé de soleil. Jésus (que vous connaissez sous le nom hébreu de Jessé, un nom assez commun) prononce un sermon qui vous frappe profondément, qui vous va droit au cœur. Il dit que Dieu vous aime. Il s'agit d'une déclaration simple et directe. Il ne vous demande pas de vous plier aux ordres de votre secte, ni de respecter les lois anciennes et complexes des prophètes. Et pour couronner le tout, il affirme que vous êtes le préféré de Dieu. Dans le monde qu'il vous promet, vous et vos semblables recevrez les récompenses les plus magnifiques – soit tout ce qui vous a été refusé dans le monde qui a été le vôtre jusqu'ici.

Ses mots vous paraissent utopiques, voire insensés. Si Dieu vous aime tant, pourquoi vous a-t-il jeté dans les fers des cruels conquérants romains ? Pourquoi a-t-il permis que vous soyez réduit à l'esclavage et que vous soyez forcé de peiner jusqu'au jour de votre mort ? Les docteurs de la loi de Jérusalem vous ont souvent expliqué cela : en tant que fils d'Adam, vos péchés vous ont voués à une existence misérable et à un labeur sans fin. Mais Jésus ne mentionne pas le péché, et il prolonge à l'infini cet amour de Dieu dont il parle. Tout cela est si invraisemblable que vous vous demandez si vous l'avez bien compris.

> Vous êtes la lumière du monde. Que votre lumière luise ainsi devant les hommes.
>
> (Matthieu, 5, 14-16)

Jésus vous compare à une ville sur une montagne, une ville que l'on ne peut cacher parce que ses lumières sont trop éclatantes. Personne ne vous a jamais rien dit de tel.

> Ne jugez point, afin que vous ne soyez point jugés. Hypocrite, ôte premièrement la poutre de ton œil, et alors tu verras comment ôter la paille de l'œil de ton frère.
>
> (Matthieu, 7, 1-5)

> Ce que vous voulez que les hommes fassent pour vous, faites-le de même pour eux.
>
> (Luc, 6, 31)

> Demandez, et l'on vous donnera ; cherchez, et vous trouverez ; frappez, et l'on vous ouvrira.
>
> (Matthieu, 7, 7)

Comment exprimer votre réaction devant ce prêcheur ? Par des sentiments partagés d'incrédulité, d'espoir et de suspicion et un douloureux besoin de croire.Vous voulez vous enfuir avant même qu'il ait terminé, vous refusez de croire ce que vous avez entendu. Aucun homme sain d'esprit ne peut se promener dans les rues sans craindre les brigands, les voleurs et les prostituées qui grouillent à chaque coin de rue. Il serait absurde de penser que tout ce que vous avez à faire pour vous procurer du pain et des vêtements, c'est de les demander à Dieu. Et pourtant, de quelle belle manière Jésus tisse-t-il son discours :

> Considérez les corbeaux : ils ne sèment ni ne moissonnent, ils n'ont ni cellier ni grenier ; et Dieu les nourrit. Combien ne valez-vous pas plus que les oiseaux ! Considérez comment croissent les lys : ils ne travaillent ni ne filent ; cependant, je vous dis que Salomon même, dans toute sa gloire, n'a pas été vêtu comme l'un d'eux.
>
> (Luc, 12, 24 et 27)

Malgré toutes vos dures années de labeur qui semblent démentir les promesses de Jésus, vous avez pourtant été tenté de le croire au moment où vous l'écoutiez. Et vous vous rendez compte, en descendant la montagne au coucher de soleil, que vous continuez à y croire. Pendant quelques jours, les paroles de Jésus vous hantent. Puis elles s'effacent de votre esprit.

Le temps n'a pas altéré ce mélange d'espoir et de perplexité. Un des conseils les plus déconcertants de Jésus a éveillé en moi ce type de sentiments : « Si quelqu'un te frappe sur une joue, présente-lui aussi l'autre » (Luc, 6, 29). Ces paroles, notre journalier juif les a sans doute entendues sur la montagne, et il s'en est étonné. Les siècles n'ont pas changé la nature humaine au point qu'elles soient plus faciles à comprendre aujourd'hui. Si je laisse une brute me frapper la joue droite et que je lui présente la gauche, ne me cassera-t-il pas la figure ? À plus grande échelle, la même chose s'applique à la menace du terrorisme : si nous laissons les méchants nous détruire sans répliquer, ne continueront-ils pas à frapper ?

Une expérience que j'ai vécue ne s'apparente que vaguement à ce dilemme, pourtant, elle m'a conduit au cœur même de la mission du Christ. J'étais en train de faire la promotion d'un livre dans une librairie bondée lorsqu'une femme s'est présentée et m'a dit : « Puis-je vous parler ? J'ai besoin de trois heures. » C'était une personne trapue et énergique (un pitbull, en termes moins polis). Lui montrant la foule rassemblée autour de la table, j'ai tenté de lui faire comprendre aussi gentiment que possible que je n'avais pas trois heures à lui consacrer.

Son visage s'est assombri. « Vous devez le faire. Je viens de Mexico. » Elle a répété qu'elle avait besoin de trois heures. Je lui ai demandé si elle avait appelé à mon bureau ; elle m'a répondu que oui. Que lui avait-on dit ? Que je serais pris toute la journée.

« Mais j'ai décidé de venir quand même parce que je vous ai entendu dire que tout est possible. Si c'est vrai, vous devez être en mesure de m'accorder cet entretien. »

Comme le relationniste responsable de la séance de signature me tirait par la manche, j'ai dit à la femme de revenir plus tard, je ferais en sorte de me libérer quelques minutes. Furieuse, elle m'a invectivé, ne m'épargnant aucune obscénité, puis elle est sortie en grommelant que j'étais un escroc. Plus tard dans la soirée, cet incident me turlupinait encore. Une idée m'est venue à l'esprit : les gens nous renvoient la réalité de ce que nous sommes. Je me suis assis et j'ai dressé une liste des détails que j'avais remarqués chez cette femme. Qu'est-ce qui m'avait déplu chez elle ? Elle était fâchée, accaparante, égoïste et aimait la confrontation. J'ai appelé ma femme et pour lui demander si je ressemblais à cela. Le long silence qui a suivi ma question m'a ébranlé.

J'ai réfléchi à ce à quoi la réalité me demandait de faire face, et j'ai découvert en moi un sentiment de désagrément et d'irritation. (Après tout, n'étais-je pas l'innocente victime ? La femme ne m'avait-elle pas embarrassé devant des dizaines de personnes ?) Puis j'ai fait une trêve ; j'ai mis de côté les énergies négatives que cette personne avait réveillées en moi, je me suis calmé et j'en ai cherché la signification. De vagues images de blessures anciennes ont surgi de ma mémoire et m'ont mis sur la bonne piste. Alors, j'ai remué l'énergie qui stagnait dans ces blessures.

Pour simplifier, je venais de vivre un « moment Jésus ». Lorsque ce dernier déclare : « Si quelqu'un te frappe sur une joue, présente-lui aussi l'autre » (Luc, 6, 29), il ne parle pas de masochisme ni de martyre, il fait référence à une qualité de la conscience, que l'on appelle *ahimsa* en sanskrit et que l'on peut traduire par « non-violence ». C'est devenu le mot d'ordre du mouvement de résistance pacifique de Gandhi, que l'on considérait souvent comme un personnage christique. Mais l'origine de l'*ahimsa* remonte à des milliers d'années.

Dans la tradition indienne, la non-violence a plusieurs sens, et plusieurs renvoient à l'idée de présenter l'autre joue, comme l'a dit Jésus. Tout d'abord, la non-violence vise à nous procurer la paix, à maîtriser notre propre violence – l'ennemi extérieur ne servant qu'à refléter l'ennemi intérieur. Ensuite, l'aptitude à la non-violence dépend d'un changement de conscience. Et enfin, si l'on réussit à se changer soi-même, la réalité reflétera ce changement.

Sans ces conditions, l'*ahimsa* n'a rien de spirituel et n'est pas efficace. Si une personne animée par la vengeance tend la joue à une autre personne tout aussi enragée, l'incident se soldera par davantage de violence. Jouer au saint ne changera rien à l'affaire. En revanche, si une personne qui est dans la connaissance de Dieu le fait, son ennemi sera désarmé. Je crois que, dans cette librairie, j'ai compris cette vérité en l'espace d'un instant. L'ahimsa n'est qu'une des qualités qui appartiennent à la connaissance de Dieu. Dans le cas de Jésus, son esprit les contient toutes.

Le monde réincarné

Jésus ne cherche pas à garder le mystère de la connaissance de Dieu pour lui-même. Il présente constamment sa vision aux autres, et il le fait avec un sentiment d'urgence. La vie changera du tout au tout, dit-il, non pas dans un avenir lointain, mais très prochainement. Les quatre Évangiles reprennent sans cesse ce leitmotiv. Jésus s'appelle lui-même le nouvel Adam, et saint Paul, le plus éloquent de ses disciples, affirme que la réalité a complètement changé grâce à son existence. « Si quelqu'un est dans le Christ, il est une nouvelle créature. Les choses anciennes sont passées ; voici, toutes choses sont devenues nouvelles » (Paul aux Corinthiens 2, 5, 17).

Selon les versions, « nouvelle créature » se traduit par « nouvelle création » ou par « nouveau monde ». Aucune autre religion ne fait d'affirmations aussi importantes et audacieuses. Les premiers chrétiens ont compris cela au sens littéral, de sorte que la croyance en Jésus s'est propagée très rapidement à Jérusalem et bien au-delà. Pour comprendre combien cette vision de Jésus est révolutionnaire, nous devons l'examiner dans son intégralité. En résumé, Jésus veut renouveler l'existence humaine de huit manières différentes.

Le nouveau monde de Jésus

1. **La nature** – La nature humaine retrouvera sa perfection. Le paradis reviendra sur la Terre et rouvrira ses portes.

2. **La société** – Querelles et guerres disparaîtront. Les êtres humains vivront dans une communauté fondée sur la grâce de Dieu et ils n'auront plus besoin de lois ni de châtiments.

3. **Les relations** – Les gens communiqueront entre eux comme une seule âme, quels que soient leurs richesses et leur statut social.

4. **La psychologie** – C'est l'amour de Dieu et la conscience de leur propre valeur, fondée sur l'amour de Dieu pour ses enfants, qui stimuleront principalement les individus.

5. **Les émotions** – Au lieu de ressentir de la colère, de la peur et des doutes, les humains comprendront qu'on les aime, qu'ils sont en sécurité, qu'ils sont bénis.

6. **Le comportement** – Comme ils vivront en état de grâce, les humains ne se maltraiteront plus les uns les autres. Ils auront un comportement paisible et affectueux, non seulement envers leur famille immédiate, mais envers leurs voisins et envers les étrangers.

7. **La biologie** – Le corps humain se transformera et ne sera plus accablé par la maladie.

8. **La métaphysique** – Dieu ne sera plus loin des affaires terrestres. Il sera plus présent sur la Terre.

Depuis, personne n'a présenté de projet aussi révolutionnaire. Le premier miracle de l'histoire de Jésus, c'est qu'on a cru en lui. Choisissez n'importe lequel des huit sujets mentionnés ci-dessus, et vous découvrirez le défi énorme qu'il constitue. Dans les relations, par exemple. Jésus demande à ses disciples de se voir comme des âmes plutôt que comme des individus faillibles dont les désirs s'entrechoquent. L'égalité des âmes aplanit les différences entre riches et pauvres, hommes et femmes, faibles et puissants, alors que dans les relations quotidiennes l'égalité totale est tout à fait impraticable (plus de patrons ? plus de dirigeants ? plus de hiérarchie religieuse ?). Jésus va encore plus loin. L'âme recevra tout directement de Dieu. Comme l'a dit Jésus lors du sermon sur la Montagne, une personne qui vit naturellement, comme les oiseaux dans les airs ou comme les lys dans les champs, n'aura plus à trimer dur, car Dieu aime ses enfants tout autant qu'il aime les oiseaux et les fleurs. Il leur offrira une existence qui n'est pas moins belle et moins insouciante. De même, il ne sera pas nécessaire, pour les âmes, de prévoir l'avenir, ni d'accumuler des richesses, ni de se soucier de futilités comme les vêtements de luxe, par exemple. La Providence s'occupera de tout ce qui leur est nécessaire.

Pour ceux qui l'écoutaient, les conséquences de ces promesses étaient inquiétantes. Est-ce qu'un fermier ou un pêcheur pouvait rentrer chez lui et dire à sa femme qu'il ne travaillerait plus jamais car Dieu le lui demandait ? Est-ce que les ménages pouvaient dépenser toutes leurs économies parce que Dieu leur avait dit qu'il n'y aurait plus de mauvais jours ? Comment pouvaient-ils être sûrs que Dieu pourvoirait à leurs besoins ? Il n'est pas étonnant que des gens pragmatiques ayant pris le contrôle du christianisme se soient retirés du monde, comme Jésus l'avait prévu.

Chaque aspect de l'existence allait être affecté par ce nouvel ordre des choses. La réalité que Jésus voulait abolir était à tous égards contraire à ce qu'il avait envisagé.

La **nature** était largement considérée comme le lieu de souffrance et d'interminables labeurs. La personne de condition moyenne gagnait tout juste sa vie ; elle ne décelait aucun signe de la munificence de Dieu ; elle ne voyait que des signes de son mécontentement.

La **société** appliquait ses lois au moyen de règles rigides et de châtiments sévères. La nature humaine était si souvent accusée que le Lévitique, livre de l'Ancien Testament qui se penchait sur la vie vertueuse, contenait plus de six cents lois, règles, rites et obligations religieuses.

Les **relations** reposaient sur des obligations religieuses, le but étant de plaire à un Dieu furieux et non de se faire mutuellement plaisir. Les femmes étaient soumises, car elles étaient responsables de la tare de la sexualité et du péché.

La **psychologie** se divisait en deux parties contradictoires. D'une part, on demandait aux gens de se réjouir dans le Seigneur et de se considérer comme ayant été choisis par lui ; d'autre part, la souillure du péché était toujours présente et affligeait chaque individu dès sa naissance. Le péché constituait plus qu'un geste contre Dieu, c'était la nature principale de l'être humain.

Les **émotions** étaient peu fiables et l'on s'en méfiait. Dieu lui-même était à la fois tendre et colérique ; il pouvait changer d'humeur en un clin d'œil. Ses enfants étaient tout aussi imprévisibles et, en conséquence, la menace de punitions planait constamment : si la foi en Dieu vacillait, Satan ébranlait l'individu par la tentation.

Le **comportement** était essentiellement égocentrique. Il existait des idéaux, et les gens faisaient de leur mieux pour être vertueux, mais cette vertu ne s'adressait qu'à « nous » (famille, tribu, religion). La façon dont on agissait envers les êtres aimés n'avait rien à voir avec celle que l'on réservait aux étrangers, et encore moins aux ennemis.

La **biologie** était hors du contrôle humain. Comme la maladie accablait tout le monde, cela voulait dire qu'il s'agissait d'un châtiment de Dieu. La déchéance du vieillissement et la mort étaient également dues au mécontentement de Dieu.

La **métaphysique** dépassait l'entendement des gens ordinaires. Seuls les prêtres pouvaient lire la volonté de Dieu et pénétrer son esprit. Ils révélaient la nature du divin et ce qui finissait par devenir la loi.

Il est facile de comprendre pourquoi le nouveau monde envisagé par le Christ a été abandonné dès après sa mort. Des gens réalistes ont dû le modifier. Personne n'était en mesure de mettre à exécution le plan divin proposé par Jésus, car les individus étaient trop collés à l'ancien monde, dont les enchevêtrements semblaient inextricables. L'énorme fossé entre le réel et l'idéal n'a jamais été comblé. Au début du XIXe siècle, le grand philosophe danois Søren Kierkegaard se demandait comment vivre comme Jésus le désirait. Après des années de souffrances, il a conclu qu'être chrétien était incompatible avec la vie des gens de la classe moyenne.

Kierkegaard a intitulé l'un de ses ouvrages les plus importants ***Ou bien... ou bien...*** afin de démontrer combien l'écart est profond entre la vie aisée découlant du matérialisme et les valeurs révolutionnaires de Jésus. Pourtant, Jésus était à l'image même de ce qu'il prêchait. Bouddha a dit : « Quiconque me voit voit mon enseignement. » C'est vrai aussi pour Jésus. Bouddha a vécu dans la connaissance du Christ, et ses enseignements sont sortis tout droit de son propre état de conscience.

Après des années à m'intéresser à la connaissance de Dieu, je suis certain que Jésus est en mesure de nous montrer la voie vers la connaissance. « Soyez donc parfaits, comme votre Père céleste est parfait » (Matthieu 5, 48). La culture occidentale a adopté Jésus comme modèle, et ses mots lui ont légué des valeurs pour vivre (et aimer). Mais nous ne vivons pas dans une ère de perfection, loin de là, et l'élan initial que nous a insufflé Jésus s'est amenuisé.

Un ami qui a abandonné l'Église anglicane il y a longtemps m'a conté cette anecdote. Son récent retour à Londres coïncidait avec Pâques.

« C'était peut-être de la nostalgie, mais j'ai ressenti le besoin d'assister aux offices de la cathédrale Saint-Paul. J'ai choisi ce que l'on appelle un service chantant parce que la musique m'inspire et que la cérémonie est d'une splendeur émouvante, avec le long cortège de prêtres vêtus de velours et de brocart.

– Cette cérémonie a-t-elle répondu à tes attentes ?

– Non, mais c'est parce que la cathédrale était remplie de touristes, que le sermon était transmis par microphone et que l'évêque officiant parlait d'une voix monotone, comme s'il s'ennuyait profondément. Tout près de moi, un homme pauvrement vêtu est resté agenouillé sur le sol de marbre froid toute l'heure durant. Les mains jointes, il priait. Il connaissait les prières et les réponses. Je me suis souvenu que je faisais la même chose par le passé. J'aimais m'agenouiller dans une grande cathédrale inondée de lumière. Cela faisait partie des moments les plus profonds de ma vie.

– Qu'est-ce qui t'a empêché d'imiter cet homme ?

– J'étais tenté de le faire, mais il était le seul à être à genoux. Plusieurs touristes le photographiaient avec leur téléphone cellulaire. Le courage m'a manqué. »

Je crois que de nombreux chrétiens se sentent tout aussi embarrassés devant les rituels et le faste de Pâques et devant le mercantilisme extrême entourant Noël. Je ne prétends pas répondre au nom de quiconque ; ce sont des questions trop personnelles, trop intimement liées à la vie de chacun. Et nulle part, dans le présent ouvrage, je ne vous déconseillerai de participer aux rites et aux sacrements de votre choix. Mon seul espoir est de vous livrer un aperçu de ce que, selon moi, Jésus voulait.

La connaissance et la prise de conscience sont des concepts occidentaux et non pas chrétiens. En Inde, d'innombrables gourous et maîtres spirituels ont offert d'enseigner à des gens ordinaires comment accéder à la connaissance, mais seule une question de point de vue sépare l'Orient de l'Occident. Les Indiens méprisent les étrangers qui écument les anciens enseignements védiques et font du yoga un simple exercice de week-end. Les Occidentaux méprisent les étrangers qui prétendent que Jésus est un maître comme Bouddha et de Mahomet, et non le seul et unique fils de Dieu.

Dès que l'on sort des ornières dogmatiques du catholicisme et de l'hindouisme, on se rend compte que les deux religions ont de grands défauts. La conscience est universelle et, s'il existe une connaissance divine, personne ne peut en être exclu. Mais personne ne peut prétendre la posséder de façon exclusive. Si Jésus s'est hissé au sommet de la connaissance, pourquoi serait-il unique à cet égard ? Bouddha est sans doute son égal (ses centaines de millions de disciples le croient) – et peut-être même les *rishis* védiques Vasishtha et Vyassa, dont aucune religion ne se réclame.

Manifestement, Jésus n'avait pas une vision régionale de lui-même. Bien qu'il fût juif et rabbin (ou maître), il se définissait en termes universels. Il considérait sa venue comme l'événement le plus important de l'histoire universelle – un événement que l'on devait évaluer en durée divine et non en durée humaine. Pour une personne ordinaire, la vie commençait avec la naissance et se terminait avec la mort ; les périodes dépassant quelques générations se dissolvaient dans les brumes du passé. Jésus pensait en termes intemporels. Et, deux millénaires plus tard, il est toujours notre contemporain, ainsi qu'il l'a voulu.

« JE SUIS LA LUMIÈRE »

JÉSUS n'est-il vraiment qu'un problème de connaissance ? Le meilleur moyen de le savoir est d'approfondir ses paroles. Dans les Évangiles, il consacre beaucoup de temps à expliquer ce qu'il veut dire à tous ceux qui se sentent mystifiés par ses déclarations. Il leur dit qu'il est le fils de Dieu, le Messie, le Christ. L'Église s'est approprié ces mots, qui donnent un titre à Jésus, mais ce que désire le Christ est beaucoup plus personnel.

Se proclamer le Fils de l'homme constitue une démarche personnelle. Cette déclaration dénote l'humilité du Christ et sa conviction que son destin est commun à celui des humains. Mais Jésus en dit plus sur lui-même quand il déclare : « Je suis la lumière » (Jean 9, 5). Sur le plan physique, la lumière, c'est ce que l'on voit en se levant le matin. Sur le plan mystique, c'est ce que l'on voit lorsque l'âme s'éveille. La lumière donne la vie et elle montre la voie dans les ténèbres. Jésus sait tout cela. Mais ce qui est exaltant, c'est qu'il veut élever les autres à ce même état – une intention qu'il dévoile à ses disciples : « Vous êtes la lumière du monde » (Matthieu 5, 14). Son objectif est d'éclairer les êtres, mais un immense gouffre le sépare d'eux, le gouffre entre l'ombre et la lumière. Ainsi donc, sa vie est une longue lutte dont le but est de faire comprendre aux humains qu'ils sont dans l'ombre et qu'ils doivent s'éveiller.

Nous avons un aperçu des difficultés dans lesquelles il se débat lors de sa célèbre confrontation avec des docteurs de la loi. Celle-ci commence de façon édifiante :

> Jésus leur parla de nouveau et dit : « Je suis la lumière du monde ; celui qui me suit ne marchera pas dans les ténèbres, mais il aura la lumière de la vie. »
>
> (Jean, 8, 12)

Jésus vient d'entrer à Jérusalem pour la dernière fois. Quelques heures plus tard, les Romains l'arrêteront et lui feront subir un procès. Toutefois, pour l'heure, ses accusateurs sont des docteurs de la loi, qui l'interrogent comme le feraient des avocats :

> Là-dessus, les pharisiens lui dirent : « Tu rends témoignage de toi-même ; ton témoignage n'est pas vrai. » Jésus leur répondit : « Quoique je rende témoignage de moi-même, mon témoignage est vrai, car je sais d'où je suis venu et où je vais ; mais vous, vous ne savez ni d'où je viens ni où je vais. Vous jugez selon la chair. »
>
> (Jean, 8, 13-15)

Avec cet enseignement très profond, Jésus sait combien il se rend énigmatique aux yeux des gens ordinaires, voire des savants. Du reste, il poursuit en disant que les savants sont les moins aptes à les comprendre, lui et Dieu :

> « Je rends témoignage de moi-même, et le Père qui m'a envoyé rend témoignage de moi. » Ils lui dirent donc : « Où est ton Père ? » Jésus répondit : « Vous ne connaissez ni moi, ni mon Père. Si vous me connaissiez, vous connaîtriez aussi mon Père. »
>
> (Jean, 8, 18-19)

Cette affirmation audacieuse exaspère les docteurs de la loi. Ils ne peuvent comprendre que l'expression « Je suis la lumière » est, pour quelqu'un qui est dans la connaissance de Dieu, la plus simple du monde. (C'est aussi simple que de dire « Je suis éveillé » pour quelqu'un qui ne dort pas.) L'auteur de l'Évangile devine que ce que dit Jésus est d'ordre mystique. Autrement, pourquoi dirait-il qu'il sait d'où il vient et où il va ? Il vient de la lumière et y retournera très bientôt. Le fossé entre Jésus et ses interlocuteurs n'est pas un espace vide par-dessus lequel ils peuvent sauter. Mais sa façon de vivre contredit celle de ceux qui l'entourent et malmène leurs croyances et leurs valeurs. Jésus fulmine contre la loi, l'argent et les coutumes du monde.

Au lieu de croire que la sagesse est propre au Messie, nous devons prendre Jésus au mot quand il dit qu'il est « la lumière du monde ». Par là, il décrit notre destin, qui est semblable au sien. La connaissance de Dieu nous ouvre la voie. Il ne s'agit pas d'enfreindre la loi, de renoncer à l'argent ni de quitter le monde, mais de considérer ces obstacles comme de pures illusions. Examinons quelques éléments essentiels à la vie spirituelle.

1. **La méditation** – Se tourner vers l'intérieur pour entrer en communication avec l'esprit.
2. **La contemplation** – Réfléchir sur la vérité.
3. **La révélation** – Recevoir la compréhension spirituelle.

4. **La prière** – Solliciter une aide supérieure.
5. **La grâce** – Accueillir Dieu dans son cœur.
6. **L'amour** – Participer à l'amour divin.
7. **La foi** – Croire en une réalité supérieure.
8. **Le salut** – Se rendre compte que l'on a sa place dans la réalité supérieure.
9. **L'union** – Ne faire qu'un avec Dieu.

On peut interpréter chacun de ces éléments à partir des références constantes de Jésus à la lumière.

La méditation – La lumière est à l'intérieur de chacun de nous. Lorsque nous nous tournons vers l'intérieur pour découvrir qui nous sommes, nous rencontrons la lumière et Dieu en même temps.

La contemplation – Pensez à un objet à l'extérieur de vous ou à un événement à l'intérieur de vous. Si vous y réfléchissez suffisamment, vous découvrirez que tout est lumière. Les mondes intérieur et extérieur se reflètent mutuellement. Tout ce qui est solide est une ombre ; seule la lumière est vraie.

La révélation – La révélation se manifeste lorsque vous la regardez avec les yeux de l'âme. Dieu est à la fois révélé et caché. Le Dieu caché se tient dans la noirceur, le Dieu révélé est lumière.

La prière – La prière vise à découvrir la vérité. Si vous demandez à Dieu de vous faire voir la lumière, essence de la vérité, il le fera. En fin de compte, la prière est tout simplement le moyen que choisit la lumière pour se voir elle-même.

La grâce – On peut aussi décrire la lumière comme pur amour. Lorsque vous agissez par pur amour, tout vient librement : c'est la grâce.

L'amour – Lorsque votre lumière intérieure vous raccorde à Dieu, l'amour déborde.

La foi – Lorsque vous cessez de croire à l'illusion du monde matériel et que vous voyez les choses telles qu'elles sont – lumière –, vous avez trouvé la foi. La raison pour laquelle les gens reçoivent tout lorsqu'ils ont la foi est fort simple : la lumière peut se transformer en tout ce qu'elle veut. Les obstacles physiques ne peuvent empêcher le jaillissement de la lumière.

Le salut – Votre salut est assuré lorsque vous sortez en pleine lumière. Vous vous êtes alors échappé de votre moi trompeur et êtes parvenu à votre vrai moi. Le moi trompeur, non racheté, est emprisonné dans des frontières physiques. Le vrai moi est libre comme la lumière.

L'union – Les frontières physiques rendent impossible l'union avec Dieu, mais il n'y a pas de frontières dans la lumière. Par conséquent, rien ne vous sépare de Dieu lorsque vous vous rendez compte que vous êtes lumière.

Aucun de ces éléments n'est une métaphore pour quelque chose de transcendant et hors d'atteinte. Qui, étendu dans l'herbe par une soirée d'été, n'a pas senti qu'il y avait quelque chose de palpitant tout juste au-dessus du ciel ? Qui, regardant une personne aimée dans les yeux, n'a pas ressenti une grande émotion ? Les éclairs de beauté et d'amour sont des éclairs de lumière. En poursuivant ces éclairs, vous vous alignerez sur la connaissance de Dieu. Toutefois, les résultats pourront parfois vous paraître étranges. Par exemple, j'allume le téléviseur et je vois les images d'un carnage au Moyen-Orient ; des bombes artisanales explosent et le sang coule. Jésus, lui, n'y verrait que lumière ; il réserverait sa compassion aux êtres souffrants, non pas tant en raison de leurs souffrances, mais parce qu'ils ne peuvent être dans la lumière avec lui, où leurs souffrances prendraient fin. La perception crée la réalité, et toutes les paroles de Jésus ont une chose en commun : changer nos perceptions.

En réalité, la solution, c'est de prendre Jésus au mot. Après des siècles de théologie, nos esprits ont de la difficulté à l'imaginer sans ses pouvoirs de Messie. Pourtant, la lumière est votre propre conscience, ici et maintenant, dans le désordre du temps présent. Vous souhaitez aller voir un film cet après-midi ? Cette idée vous vient de la lumière. Il en va de même lorsque vous pensez à votre prochain repas, à une relation sexuelle ou à votre désir de cesser de fumer. Ce qui rend Jésus si difficile à saisir, c'est qu'il ne s'éloigne jamais de la lumière. Il n'a pas le choix. La connaissance de Dieu crée sa propre réalité. Il m'arrive souvent de penser que nous sommes incroyablement fortunés d'avoir une telle compréhension de Jésus. On aurait pu tout simplement le rejeter comme un fou.

Par exemple, essayons de comprendre ses paroles si connues : « Ne résistez pas au méchant. Si quelqu'un te frappe sur une joue, présente-lui aussi l'autre. » Au fil des ans, ce message s'est atténué. Il se manifeste aujourd'hui par une sorte de passivité compatissante : on s'éloigne des brutes plutôt que de répliquer. En présentant l'autre joue, nous nous sentons supérieurs sur le plan moral parce que nous n'ajoutons pas à la violence dans le monde – même si nous sommes provoqués. Mais le passage complet du Nouveau Testament est encore plus révolutionnaire. Je l'ai reformulé de façon plus moderne :

> « Vous avez appris qu'il a été dit : œil pour œil, et dent pour dent. Mais moi, je vous dis de ne pas résister au méchant. Si quelqu'un te frappe sur la joue droite, présente-lui aussi l'autre. Si quelqu'un veut plaider contre toi et prendre ta tunique, laisse-lui aussi ton manteau. Si quelqu'un te force à faire un mille, fais-en deux avec lui. Donne à celui qui te demande, et ne te détourne pas de celui qui veut emprunter de toi. »
>
> (Matthieu, 5, 38-42)

Ces préceptes semblent tout à fait impraticables. La formule « œil pour un œil » – que Jésus veut supprimer – est beaucoup plus facile à suivre. Dès l'instant où quelqu'un est apparenté au mal (terroriste, nazi, tueur en série, pédophile), la réaction la plus naturelle semble être la vengeance. Nous supposons qu'en dépit des exhortations de Jésus nous avons tous le droit d'exiger un châtiment. La présente guerre au terrorisme repose sur cette idée. Or, toute forme d'affrontement va à l'encontre des préceptes de Jésus – une vérité que les faucons de l'extrême droite chrétienne s'obstinent à rejeter.

Transposé dans la vraie vie, « ne résistez pas au méchant » nous mènerait à une société du pardon. Quelle affreuse idée ! Si nous passions notre temps à pardonner à tout le monde, ou bien les méchants prendraient le contrôle et nous domineraient, ou bien ils pardonneraient à leur tour et cesseraient de représenter le mal ! La deuxième hypothèse, celle que Jésus avait en tête, est impensable, sinon complètement folle. Mais pour faire la preuve que « ne pas résister au méchant » n'était pas chose insensée, Jésus a vécu son propre enseignement. Il a accepté un procès injuste, la persécution et une mort violente. Les chrétiens l'adorent, puisque cela a permis la résurrection. L'abandon se révèle l'arme ultime de Jésus. Mais le fait qu'on adore Jésus parce qu'il « n'a pas résisté au méchant » n'est pas un gage de victoire pour les mortels que nous sommes. Dans l'ensemble, nous continuons de vivre selon la loi qu'il a combattue : œil pour œil.

Comme toujours, la conscience est l'élément manquant. On ne peut vivre dans cette non-résistance au méchant que si l'on est dans un état de conscience supérieure. Heureusement, au fur et à mesure que l'on entre dans la connaissance de Dieu, le mal se retire et l'on devient invulnérable.

Le mal représente tout lorsqu'on y est sensible ; il ne représente rien lorsqu'on ne l'est pas. Ce sont les deux pôles de la vie spirituelle, le début et la fin du voyage. Il y a plusieurs étapes entre ces deux pôles, mais Jésus ne nous en parle pas. Peut-être l'a-t-il fait dans sa vraie vie ? Il en a très peu parlé, et ce que ses disciples ont rapporté représente à peine deux ou trois heures de lecture. Quoi qu'il en soit, la sagesse des traditions du monde peut remplir les vides pour nous. Dans le bouddhisme, comme dans les anciens écrits védiques de l'Inde et dans les vies des saints chrétiens, nous découvrons la preuve que la conscience permet de grandir vers la connaissance de Dieu. Et nous apprenons comment faire pour y parvenir.

Comment « ne pas résister au méchant »

La méditation – Chaque jour, prenez le temps de rechercher le silence à l'intérieur de vous-même. Dans ce silence, la paix existe sans la colère ; il n'y a ni mal, ni sentiment de vengeance, ni colère, ni indignation. Grâce à cet exercice, vous apprendrez à vous fondre dans cet espace. Maîtriser la colère – une énergie comme les autres – vous sera facile. Le mal relâchera l'emprise qu'il exerce sur vous.

La contemplation – L'esprit joue un rôle important dans la façon dont nous réagissons au mal. Plus notre esprit s'agite, plus le mal se fait menaçant. Plus nous nous considérons comme une victime, plus le mal devient agressif. Plus on craint le mal, plus il devient omniprésent et plus on doit se défendre contre lui. Ces perceptions peuvent changer. Sur un plan plus général, le bien et le mal sont constamment en guerre, mais aucun d'eux ne finit par avoir le dessus. Vous ne pouvez éradiquer le mal, mais vous pouvez décider d'engager ou non le combat contre lui. Et si vous décidez de ne pas vous battre, votre esprit ne manifestera plus d'intérêt à l'égard du mal qui, de ce fait, se retirera.

La révélation – Lorsque vous craignez le mal, vous êtes convaincu qu'il est réel. Cette certitude vous invite à vous engager dans l'éternel combat du bien et du mal. Aucune parcelle de résistance passive ne vous en dégagera, sauf de façon temporaire. Mais si vous êtes en mesure de voir que le combat entre le bien et le mal n'est rien d'autre qu'un jeu d'ombre et de lumière, votre certitude à propos de l'existence du mal s'effacera. Pour percer le masque du mal, recherchez la lumière, qui est l'essence de tout. Le fruit de cette recherche, c'est la révélation. La lumière se révèle de son propre chef.

La prière – Efforcez-vous de découvrir ce qui se cache derrière le mal. Il n'est pas nécessaire que votre quête soit philosophique. Jetez un coup d'œil derrière les déguisements que nous portons tous quand nous sommes en colère, hostiles ou agressifs. Ces émotions ne sont pas fondées ; elles ne semblent réelles que momentanément. Pourtant, les émotions des autres nous intimident beaucoup, et nous sommes tellement submergés par nos propres émotions que nous perdons de vue la réalité sous-jacente. En invoquant une divinité ou un moi supérieur auquel vous croyez, vous vous branchez sur la réalité et vous lui demandez de vous rappeler l'irréalité de l'illusion.

La grâce – La grâce permet de remplacer le mal par l'amour. Mais vous ne pourrez y parvenir si vous vous sentez craintif, colérique ou victime. Toutefois, pendant que vous vous penchez sur votre négativisme, gardez à l'esprit que ce qui se cache de l'autre côté est un cadeau. Le mal ne laisse pas de vide quand il disparaît, il laisse un espace qui sera rempli par Dieu.

L'amour – Chaque ennemi est le miroir de votre propre état de mal-aimé. Le mal remplit cette absence d'amour, sous forme de conflit et d'émotions contradictoires. En revenant à un état d'amour, vous privez le mal d'un endroit où vivre. En termes pratiques, cela veut dire que vous devez perdre l'habitude de juger. Chaque fois que vous êtes tenté de traiter quelqu'un de méchant, récupérez cette énergie négative et faites-la ensuite sortir de votre corps et de votre esprit. Il vous faudra beaucoup de patience. Cependant, si vous vous engagez dans cette tâche, les résultats seront durables. L'amour est plus puissant que le mal, parce que lui seul est réel.

La foi – La foi est nécessaire quand on souffre. Rien n'est plus envahissant que la souffrance. Lorsqu'elle se manifeste, les mots seuls ne peuvent pas la faire disparaître : elle est trop physique et trop personnelle. Mais en dépit de son intensité, la souffrance n'est que temporaire. Le mal dépend de notre façon de l'oublier. S'il ne faisait pas souffrir, le mal n'aurait aucun pouvoir. Par conséquent, lorsque vous êtes en proie à n'importe quelle souffrance, gardez la foi. Dites-vous qu'il y a une réalité au-delà de votre misère actuelle. Vous êtes cette réalité et vous y retournerez à mesure que la souffrance s'amenuisera.

Le salut – Vous serez sauvé lorsque vous pourrez vous abstraire de votre propre souffrance. En termes spirituels, le salut signifie que l'on est sauvé physiquement. Le danger physique nous place dans un état de chaos, de peine, de crainte du danger et de panique. Toutes ces conditions influencent notre esprit : nous avons recours à des images de désastre chaque fois que des menaces mentales se font jour. En conséquence, pour être libéré de la souffrance, vous devez trouver un endroit qui n'est ni physique ni mental. Jésus appelle ce lieu le royaume de Dieu, ou de l'âme. Mais l'étiquette est moins importante que l'expérience elle-même. Peu à peu, chaque personne doit trouver un état intérieur qui ne projette pas d'images de souffrance. C'est dans cet état que se trouve la rédemption.

L'union – Toutes les étapes précédentes visent un seul objectif : brouiller la ligne de partage entre le bien et le mal. Nous ressentons le bien par l'entremise du plaisir, de la paix, du bien-être et de la sécurité. Nous ressentons le mal par l'entremise de la souffrance, des querelles, des restrictions et de la peur. Tout naturellement, nous recherchons l'un et fuyons l'autre. Ce que nous ne voyons pas, c'est que ces tendances « naturelles » appartiennent à un état de conscience qui a été conditionné au fil du temps. En d'autres mots, elles se sont créées d'elles-mêmes. En apprenant à connaître votre moi, vous apprendrez à remplacer ces vielles tendances. Pour ce qui est du mal, vous devez créer l'absence de dualité, soit abolir la noirceur pour faire naître la lumière. Vous devez abolir les frontières figées qui séparent ce qui est sûr de ce qui est dangereux, soit Dieu de Satan, et le moi du non-moi. À mesure que ces frontières s'effilocheront, il ne restera plus que la réalité, c'est-à-dire un état sans frontières que l'on appelle Dieu. En faisant en sorte de dissoudre vos désastreuses restrictions, vous vous rapprocherez de la connaissance de Dieu et, par là même, vous enlèverez au mal son apparente réalité.

C'est là une très brève esquisse des moyens à utiliser pour aller au-delà du mal. Je crois que c'est ce que Jésus voulait dire lorsqu'il déclarait : « Ne résistez pas au méchant. » Une grande sagesse se cachait sous une apparence de folie, et pourtant nous n'avons qu'une petite évocation de cette sagesse dans les textes des Évangiles. Il est donc nécessaire de déballer l'enseignement complet, pour ainsi dire, afin de l'examiner en détail.

Les évangiles gnostiques

Récemment, un journaliste indien a fait la moue quand je lui ai dit que je rédigeais un livre sur Jésus. « J'aimais bien être un chrétien dans mon pays natal, m'a-t-il dit. Mais être chrétien en Amérique me met mal à l'aise. » Sa foi lui a été transmise par les missionnaires, dont la présence en Inde remonte à saint Thomas – ce Thomas incrédule à qui le Christ a demandé de toucher ses blessures. Saint Thomas aurait navigué jusqu'à la pointe sud de l'Inde en l'an 52 et y aurait fondé la première église. Dans l'une des anciennes églises de l'État du Kerala, les paroissiens adhèrent encore aux rites araméens et syriens.

Une fois l'innocence perdue, le mystère se dissipe. Les sceptiques ne sont pas les seuls à se demander si les miracles accomplis par Jésus – ressusciter les morts, changer l'eau en vin ou marcher sur la mer de Galilée – ne sont pas de simples amplifications d'événements réels. Convertir est difficile, mais on peut parfois y arriver en racontant une histoire pleine de magie.

Nous ne sommes pas les premiers à nous rebeller contre la religion officielle, et ce n'est pas la première fois que la dévotion religieuse abdique devant le doute. Parmi les premiers chrétiens, certains ont remis en question la notion selon laquelle prier le Christ suffisait pour atteindre Dieu. Ils se sont rebiffés contre l'autorité ecclésiastique, car ils croyaient qu'il appartenait à chaque chrétien de trouver Dieu personnellement et de parvenir ainsi à la connaissance. Ils prétendaient que la mission de Jésus était la connaissance et non le salut. On pourrait résumer ainsi l'un de leurs textes les plus clairs, connu sous le nom d'évangile de la vérité :

> L'oubli n'existait pas avec le Père, bien qu'il existât à cause de lui. Ce qui existe en lui, c'est la connaissance qui leur a été révélée afin de détruire l'oubli et de leur faire connaître le Père. Dans la mesure où l'oubli existait parce qu'ils ne connaissaient pas le Père, s'ils en viennent à le connaître, l'oubli cessera d'exister à partir de ce moment.
>
> (Version de l'auteur)

La source de l'erreur, soit notre perte de contact avec Dieu, serait l'oubli et non le péché. Nous retournons vers Dieu en nous souvenant de lui ; à mesure que le souvenir nous revient, la connaissance du divin se rétablit en chacun de nous. La connaissance étant un élément essentiel dans les premières sectes, on les a surnommées gnostiques, du grec *gnôstikos*, « *qui sait* ».

On voit tout de suite l'attrait qu'exerce le gnosticisme sur les esprits modernes. Le message semble libéral, non autoritaire et ouvert. L'évangile de la vérité accuse les chrétiens traditionnels de ne rien avoir compris à Jésus, et de s'en être tenus à une foi aveugle plutôt qu'à une recherche de la connaissance :

> Par l'intermédiaire de Jésus, Dieu éclaire ceux qui sont dans la noirceur à cause de l'oubli. Il les a éclairés et leur a offert une voie. Cette voie est la vérité qu'il leur a enseignée.
>
> (Version de l'auteur)

Ces paroles résonnent à nos oreilles comme une doctrine de croissance personnelle ; elles rendent l'évangile de la vérité très séduisant. Le Jésus que dépeint cet évangile possède la connaissance du Tout – plénitude impérissable qui est un cadeau divin à l'humanité, pour peu que les gens ouvrent les yeux.

> Jésus est devenu un guide tranquille et posé. Il est venu dans une école et a transmis la Parole comme un maître. Ceux qui, selon lui, étaient convaincus de leur propre sagesse sont venus pour le mettre à l'épreuve. Mais il les a qualifiés d'écervelés. Ces derniers le détestaient, car ils n'étaient pas vraiment des sages.
>
> (Version de l'auteur)

Nous entrevoyons ici le thème universel du gnosticisme : un combat entre Sophia (déesse de la Sagesse) et les forces de l'ombre – combat qui fait rage depuis la nuit des temps et qui existe toujours à l'intérieur de nous. Ce conflit intérieur nous cache la vérité, mais nous pouvons redécouvrir cette vérité parce que, dans sa plénitude (*pleroma*), le Père nous ouvre la voie vers le Tout, qui ne se perd jamais. Changez quelques mots ici et là, et vous croirez lire les Veda racontés par les prophètes indiens.

Lorsque j'ai entrepris d'écrire sur Jésus, j'ai été très surpris de la réaction mitigée de certaines personnes. Peu de gens acceptent que l'on ébranle leurs croyances ou leur absence de croyances. Un ami mal à l'aise m'a dit : « Donc, tu dois être gnostique ! C'est le seul camp que tu pouvais adopter, n'est-ce pas ? »

Non, lui ai-je dit, je ne suis pas gnostique. Mais j'ai compris le commentaire. Lors de la découverte, en Égypte, en 1945, d'une immense cachette contenant des documents scripturaires, des renégats et des réformateurs de l'Église ont trouvé dans ces textes des arguments pour appuyer leurs thèses.

Les écrits gnostiques comprennent l'évangile de la vérité, l'évangile de Thomas (qui a bien failli être inclus dans le canon du Nouveau Testament), l'évangile de Philippe, ainsi que d'autres évangiles trouvés ici et là, dont le célèbre – ou tristement célèbre – évangile de Marie Madeleine, découvert en 1896 mais qui n'a été rendu public qu'en 1955.

Ces évangiles représentent une voie alternative que les chrétiens n'ont jamais adoptée. Interdits, puis balayés par l'Église catholique, les gnostiques ont rejeté son autorité, préférant suivre une voie individuelle sous le signe de la révélation. Si mon objectif est d'atteindre un état de conscience supérieure, pourquoi ce livre n'est-il pas gnostique ?

Il n'y avait pas de secte chrétienne gnostique, du moins pas de la façon avec laquelle nous pouvons identifier les protestants et les grecs orthodoxes. Ce sont des érudits contemporains qui ont inventé ce nom. De nos jours, le mot « gnostique» a une connotation positive, mais de leur temps les gnostiques étaient considérés comme des hérétiques. En fait, avant la découverte des évangiles gnostiques, tout ce que nous savions à propos d'eux nous venait des pères de l'Église, qui les décriaient et voulaient les anéantir. De plus, les évangiles gnostiques ne présentent aucune croyance uniforme. Les documents, connus sous le nom de bibliothèque de Nag Hamadi, ville de la Haute-Égypte où ils ont été découverts dans une caverne, comprennent treize volumes, qui remontent à 390 de notre ère. En plus d'être très endommagés, ils sont écrits selon un code secret chargé de symboles et de références ésotériques.

Historiquement parlant, l'an 390 est une date précoce pour des textes scripturaires, ce qui confère aux manuscrits de Nag Hamadi autant d'authenticité que celle prêtée aux diverses versions des quatre Évangiles. En fait, ces manuscrits sont un fouillis ésotérique. Nous y recueillons toutefois certains faits originaux : l'Église des premiers temps était fortement divisée ; elle n'avait pas de hiérarchie de prêtres, mais lorsqu'elle en a eu les femmes pouvaient accéder à la prêtrise ; tout membre d'une congrégation pouvait se présenter et prêcher si l'esprit l'inspirait ; l'expérience individuelle prenait le dessus sur la doctrine écrite.

Les renégats et les réformateurs ont bien accueilli les évangiles gnostiques parce que, selon eux, le christianisme avait tout intérêt à accepter les femmes comme membres du clergé. Se détacher de l'autorité centrale fait aussi l'affaire des gens d'aujourd'hui. Si chacun de nous peut accéder à la connaissance de Dieu, pourquoi devrions-nous permettre à l'Église de rejeter nos efforts ? Il est difficile de résister au groupe de croyants éclairés que décrit chaleureusement l'évangile de la vérité :

> Ils sont venus pour apprendre et ils étaient connus. Ils étaient déifiés et ils ont apporté la gloire. Selon eux, le livre de la vie a été écrit dans la pensée et l'esprit du Père.
>
> (Version de l'auteur)

Cependant, la liberté préconisée par le gnosticisme n'est pas sans danger. Dans le sud rural des États-Unis, une église pentecôtiste dont les membres ont le don des langues et où le pasteur imprime sa propre marque excentrique sur le christianisme ressort du plus pur gnosticisme. De telles congrégations prétendent que le fait de prendre en main un serpent à sonnettes sans se faire mordre prouve que leur foi les protège du mal. D'autres croient à la sexualité infantile, ou condamnent le « mélange des races ». Même en excluant les possibilités les plus bizarres qui peuvent naître du gnosticisme, il reste que les évangiles gnostiques sont, au mieux, un mélange chaotique qui associe Jésus à des personnages religieux comme Seth, Sophia et divers démiurges (créateurs inférieurs à Dieu) et à des cultes qui n'ont plus aucune valeur de nos jours, sauf celle d'embrouiller une théologie déjà obscure.

On peut certes trouver un certain charme à la pensée irrationnelle, qui a donné naissance à l'art, à l'intuition et à l'amour. Mais chaque chose a son côté sombre, et le gnosticisme pur n'offre pas de garantie contre l'obscurité. À juste titre, on n'a pas diabolisé les pères de l'Église parce qu'ils ont éradiqué les sectes gnostiques. Mais ils combattaient en même temps leurs propres démons. Les gnostiques n'étaient que le symbole des démons intérieurs qui avaient créé tant de souffrances – devenues plus insupportables depuis que les pères de l'Église avaient affirmé que Jésus avait débarrassé le monde du péché une fois pour toutes. Personne ne peut croire à une telle affirmation, pas plus aujourd'hui que par le passé. Toutefois, nous pouvons trouver un corpus d'enseignements que nous a légué Jésus et qui n'est pas entaché par le désir effréné d'autres personnes d'avoir un messie : le matériau nécessaire à un voyage intérieur se trouve dans les Évangiles eux-mêmes – des Évangiles beaucoup plus riches que ceux des gnostiques.

« LE ROYAUME DE DIEU EST AU MILIEU DE VOUS* »

QUELLE que soit la version de Jésus qui vous convienne, vous savez que l'objectif de tout chrétien est d'atteindre le royaume de Dieu. Des millions de croyants pensent que cela signifie aller au paradis après la mort. Mais Jésus est beaucoup plus ambigu, et les Évangiles disent que l'arrivée au royaume de Dieu signifie que l'on est parvenu à un degré supérieur de conscience. Comme c'est souvent le cas, il est possible d'interpréter les Écritures de plusieurs façons. Je crois, cependant, que l'idée d'une conscience supérieure est de loin la plus convaincante.

Posons-nous d'abord les questions les plus simples. Où se situe le royaume de Dieu ? Les auditeurs de Jésus étaient des Juifs ; la vie après la mort ne faisait pas partie de leurs traditions religieuses, et encore moins un Ciel où les justes étaient récompensés. Que nous soyons croyants ou sceptiques, nous sommes tellement habitués au concept du Ciel qu'il nous est difficile d'imaginer une époque où ce concept était nouveau et controversé. Jésus commence par dépeindre le Ciel comme une source de repos pour les gens épuisés et un baume pour les personnes souffrantes – ce qui convenait très bien à ceux qui l'écoutaient, car leur vie était jalonnée d'épreuves et de durs labeurs. La Genèse dit aux Juifs que ces épreuves et ces labeurs ne faisaient pas partie du projet initial de Dieu. Travailler dur est le châtiment infligé à Adam et Ève après avoir été chassés du paradis terrestre.

Ainsi, en ramenant l'Éden par le biais du pardon des péchés, Jésus boucle la boucle. Puisque le jardin original débordait de délices, il doit en être de même du Ciel. La tradition chrétienne dépeint le royaume de Dieu comme un paradis, une salle de banquet pour les affamés, sous la présidence d'un Père souriant. En termes banals, c'est la maison chaleureuse où le maître accueille ses travailleurs après une dure journée dans le vignoble. La vie moderne est plus facile, mais nous rêvons à cet endroit de refuge et de repos. Le christianisme s'est toujours concentré sur les faibles et les pauvres, dont la quête de repos et de soulagement n'a sûrement pas changé depuis l'époque de Jésus.

Que dit la Bible à propos du Dieu issu de l'imagination populaire qui dirige

* Luc, 17, 21.

son royaume assis sur un trône au-dessus des nuages ? On trouve le mot « trône » 166 fois dans l'Ancien Testament et 37 fois dans l'Apocalypse. Jésus n'est pas à l'origine de l'image royale de Dieu. En mentionnant le trône de Jésus à quelques reprises, Jésus fait écho à l'Ancien Testament. C'est une pratique courante chez les auteurs des Évangiles, qui veulent s'assurer que leur candidat messie se plie aux exigences des prophètes et confirme les croyances selon lesquelles les Juifs sont les élus de Dieu. À un moment donné, Jésus déclare :

> Je vous le dis en vérité, quand le Fils de l'homme, au renouvellement de toutes choses, sera assis sur le trône de sa gloire, vous qui m'avez suivi, vous serez de même assis sur douze trônes, et vous jugerez les douze tribus d'Israël.
>
> (Matthieu, 19, 28)

Ces paroles rappellent une promesse constamment répétée dans l'Ancien Testament :

> Ils sont maintenant devant le trône divin et vivent une vie de béatitude éternelle.
>
> (4 Maccabées, 17, 18)

> L'Éternel était sur son trône lors du Déluge ; l'Éternel sur son trône règne éternellement.
>
> (Psaumes, 29, 10)

> J'ai habité dans les cieux et mon trône était une colonne de nuée.
>
> (Ecclésiaste, 24, 4)

Dans ce dernier passage, ce n'est pas Dieu qui parle, c'est la vertu de la sagesse, qui fait son propre éloge de façon poétique. Sans aucun doute, les auteurs de l'Ancien Testament veulent mettre le futur Messie et les rois d'Israël sur le même trône, un trône venant directement de Dieu.

Alors, pourquoi des millions de chrétiens croient-ils en un ciel et un trône au sens littéral ? Avec les quelque 40 mentions de « trône » qu'il contient, le Nouveau Testament reprend cet usage littéral à la toute fin, longtemps après la mort de Jésus, dans le livre de l'Apocalypse. Ce livre très imagé se termine le jour du Jugement dernier (c'est-à-dire à la fin du monde), et ses images sont aussi captivantes que terrifiantes.

Nous ne savons pas qui a écrit cette partie de la Bible, mais on l'attribue à Jean, qui est aussi l'auteur de l'Évangile. Il semble qu'il ait écrit le livre de l'Apocalypse sur l'île grecque de Pátmos, où il avait été exilé à cause de ses croyances. Mais il n'existe aucune preuve. Sans doute, le royaume de Dieu décrit dans l'Apocalypse n'a pas grand-chose à voir avec Jésus, bien que son auteur fasse référence à un jugement dernier et à la séparation des justes et des méchants. Je crois que les croyants s'accrochent à l'Apocalypse parce que cela remplit un vide. Jésus n'a pas dramatisé la fin des temps. Il n'a rien présenté d'aussi captivant, d'un point de vue visuel, que les sept sceaux et les quatre cavaliers de l'Apocalypse, l'ouverture des tombeaux et l'ascension des âmes. La promesse de son retour sur la Terre n'est pas aussi colorée. D'une façon générale, il a refusé de dramatiser le jour du Jugement dernier et de faire du Ciel un lieu, au sens littéral. Ne devrions-nous pas respecter sa volonté ?

Lorsque Jésus ne prononce pas les mots que les auteurs des Évangiles attendent de lui, il soutient que le matérialisme est indigne de Dieu. Il réprimande sévèrement les docteurs de la loi qui exigent des dons d'épices et d'or :

> « Aveugles ! Lequel est le plus grand, l'offrande, ou l'autel qui sanctifie l'offrande ? Celui qui jure par l'autel jure par l'autel et par tout ce qui est dessus ; celui qui jure par le temple jure par le temple et par celui qui l'habite ; et celui qui jure par le ciel jure par le trône de Dieu et par celui qui y est assis. »
>
> (Matthieu, 23, 19-22)

Ici, Jésus fait remarquer que Dieu habite de façon invisible les objets sacrés du temple et que sa présence représente la sainteté et non les objets eux-mêmes. Il en va de même pour le Ciel. L'endroit physique que nous imaginons est une coquille vide ; le vrai royaume de Dieu est invisible. Tout cela renforce la déclaration explicite de Jésus selon laquelle le royaume de Dieu est en nous. Cette déclaration a une plus grande portée lorsqu'on la met en contexte :

> Les pharisiens demandèrent à Jésus quand viendrait le royaume de Dieu. Il leur répondit : « Le royaume de Dieu ne vient pas de manière à frapper les regards. On ne dira point "Il est ici" ou "Il est là". Car voici, le royaume de Dieu est au milieu de vous. »
>
> (Luc, 17, 20-21)

On peut voir ces paroles comme celles qui ont donné l'élan au mouvement gnostique tout entier, qui méprise les signes extérieurs et qui insiste sur le fait que tout contact avec Dieu ou avec le Christ doit être individuel. Seule une vision intérieure peut susciter la vision du Christ du royaume de Dieu sur la Terre, mission ultime du Messie. Si les gnostiques ont raison, l'Apocalypse a tort. Jésus ne reviendra pas physiquement pour ressusciter les morts. Au contraire, le deuxième avènement du Messie se manifestera par un changement de conscience qui renouvellera la nature humaine en la hissant jusqu'à Dieu.

Plusieurs siècles après l'éradication des gnostiques, les frontières du royaume de Dieu sont toujours confuses. Pour certains, il s'agit d'un souhait à réaliser, une utopie fondée sur l'amour, la tolérance et la compréhension qui balaieront et remplaceront le monde matérialiste corrompu. Dans son essai de 1894 intitulé *Le royaume de Dieu est en vous*, Tolstoï suggère de créer des communautés utopiques, sans attendre le deuxième avènement.

Le Jésus de Tolstoï est personnel ; le grand écrivain russe adhère à ses enseignements au sens littéral. Selon lui, il faut mettre de côté la théologie, et le croyant doit tenir pour acquis que la vie tourne autour de certains axes : aimer son prochain, présenter l'autre joue, ne pas résister au mal, et ainsi de suite. En Amérique, d'une façon plus particulière, il y a eu une forte présence de communautés chrétiennes utopistes, dont certaines existent encore. Pourtant, toute tentative de bâtir une société idéale sur la structure d'une conscience inférieure est vouée à l'échec.

La vie monacale, au Moyen Âge, se fondait à peu près sur le même idéal. Mais ces communautés coupées du monde ne parvenaient à leur but qu'au prix du sacrifice de leurs aspirations et de leurs désirs quotidiens.

Les communautés et monastères utopistes sortent Jésus de la vie quotidienne. Je ne pense pas que Jésus ait eu en tête l'idée d'une élite spirituelle isolée du monde. Lorsqu'il dit que le royaume de Dieu est en nous, il veut dire en chacun de nous. Cela est conforme à son ordre : aimer nos ennemis. Dieu est aussi bien en eux qu'en nous. Abattre son ennemi revient à dire que l'on abat un aspect de Dieu et de soi-même.

Jésus veut-il dire par là que le royaume de Dieu est en nous à tout moment, ou uniquement lorsque nous le recherchons ? Pourquoi Dieu garde-t-il le silence et semble-t-il absent aux yeux de millions de gens ? Plus on se penche sur ce sujet, plus il semble difficile de trouver une façon de vivre selon ses préceptes. On ne peut réduire son enseignement à de simples conseils permettant de se tourner vers l'intérieur plutôt que vers l'extérieur. Jésus n'a fermé la porte à aucune version du royaume mentionnée dans la Bible.

Dieu, image et idée

Il existe une approche curieuse du problème, qui n'est pas scripturaire mais scientifique. La recherche médicale nous en donne des indices intéressants : elle nous dit que les images de Dieu et du Ciel sont en réalité des constructions mentales que la société implante dans notre cerveau. Des milliers de personnes qui ont vu la mort de près en sont revenues avec des descriptions de Dieu et du Ciel. Selon les partisans de la littéralité, ces descriptions, pour être valides, devraient concorder entre elles, ce qui n'est pas le cas. En outre, elles présentent des modèles convenus. Les jeunes enfants ont tendance à décrire le Ciel comme un lieu pastoral où s'amusent de petits animaux. Les adultes, eux, parlent de prés verts au-dessus desquels, la plupart du temps, le ciel est bleu. Très peu proposent des descriptions qui rappellent les légions d'anges montant sur le trône – que Dante a popularisées dans sa *Divine Comédie*. Mais cette dernière description est une création théologique médiévale qui nous vient de l'Apocalypse et non de Jésus lui-même.

La vérité, c'est que les gens voient ce qu'ils espèrent voir, et que la résidence de Dieu varie selon les cultures. En Orient, le *bardo* à plusieurs étages des bouddhistes et les innombrables *lokas* des hindous remplacent le ciel chrétien. Toutes ces visions venant du cerveau, il n'y a qu'un pas à franchir pour conclure qu'elles sont des constructions mentales.

Il en va de même pour nos images de Dieu. Jésus se moque des docteurs de la loi qui disent connaître Dieu. Son auditoire comprend une foule de gens qui ont tous leur propre conception de Dieu. D'une façon générale, un juif croyant s'en tient à l'orthodoxie de la Bible, mais l'Ancien Testament ne dépeint pas Jésus comme une personne. Moïse s'emporte contre son frère Aaron qui a demandé aux juifs d'adorer le veau d'or, car l'idolâtrie profane le principe même du judaïsme, qui tient Dieu pour un être abstrait et invisible. Dieu transcende le réel au point où l'on ne peut penser à son mystère, ni en parler (le nom même de Yahvé doit être codé ou omis, sous peine de blasphème). Cependant, la nature humaine étant ce qu'elle est, les gens continuent à faire de Dieu un père affable, un justicier irascible ou un juge impartial. Ce sont là des caractéristiques humaines. Dieu finit par être créé à l'image de l'homme, et non vice versa.

Jésus emploie souvent le mot « Père », mais il fait aussi appel à d'autres images, selon les circonstances. Cela ne démontre-t-il pas qu'il imagine Dieu comme une personne, tout comme le croyant d'aujourd'hui ? Selon moi, le mot « Père » est un substitut pour quelque chose d'indicible. Dans la tradition hébraïque, on ne pouvait écrire ni prononcer le nom de Yahvé ; et toute référence à Yahvé était indirecte. De nombreux synonymes sont alors entrés dans le langage courant, comme roi, Créateur, Seigneur, Tout-Puissant et Père, mais il était bien entendu que ces synonymes étaient des termes de remplacement. De nos jours, les gens disent : « Dieu le Père » comme s'ils s'adressaient à une entité réelle. Je ne pense pas que Jésus serait d'accord. Il fait allusion à quelque chose de beaucoup plus mystique quand il dit que le Père et lui sont un, qu'il est dans le Père et que le Père est en lui.

Il est déconcertant de voir combien de fois Jésus parle de Dieu comme d'une source de châtiments. Comme si le juge de l'Ancien Testament, prompt à la colère et peu enclin au pardon, n'avait pas évolué ! Jéhovah n'a pas quitté la Bible uniquement parce qu'un Nouveau Testament est venu remplacer l'Ancien. Le christianisme a utilisé le patriarche justicier entêté et son refus de laisser la place à un Dieu tendre. Il a mis l'accent sur un Christ rédempteur des péchés, un nouvel Adam qui allait ramener l'humanité sur la voie de la grâce, même si elle méritait d'être punie. En dépit de la promesse formelle de pardon faite par Jésus, le péché est resté présent dans le monde. Tout cela parce qu'il était nécessaire de garder la vieille image du Ciel et de la Terre.

Enfin, le royaume de Dieu ne pouvait pas être un lieu unique. Il servait trop de desseins différents et était mêlé à un trop grand nombre d'aspects de la religion traditionnelle. Je pense que la seule façon de résoudre l'énigme que pose le royaume de Dieu, c'est d'affirmer que Dieu existe à différents endroits, selon notre niveau de conscience. C'est une démarche très importante sur le chemin de la spiritualité, car notre conscience se modifie en même temps que celle de Dieu.

La voie vers le ciel

Le constat le plus juste que nous pouvons faire, c'est que Jésus a indiqué le chemin du Ciel à celui qui le cherchait. La quête de Dieu est un mystère, mais, en termes courants, c'est un processus et non pas un bond qui se fera au son de la dernière trompette. Ce message a sans doute été transmis à quelques disciples très proches, car, à certains endroits dans les Évangiles, Jésus promet de récompenser le juste qui a foi en lui. Dans les Béatitudes, il suffit d'être humble : « Heureux les pauvres en esprit, car le royaume des cieux est à eux ! » (Matthieu 5, 3). Mais les chrétiens ne savaient toujours pas comment vivre selon la parole de Jésus, et les ordonnances les plus simples semblaient les plus difficiles à comprendre. Au cours des siècles, trois voies sont apparues.

La voie de la dévotion repose sur la prière, l'adoration constante et l'amour du Christ. Lorsqu'ils sont sur cette voie, les chrétiens se rapprochent de Dieu en se focalisant sur lui. Jésus est le visage humain de Dieu, et les adeptes fixent leur attention sur lui en tant que modèle de vie pieuse.

La voie de la compassion repose sur la charité, l'altruisme et l'humilité. Les principes de conduite sont doubles : aimez votre prochain comme vous-même, et traitez les autres comme vous voulez être traité. Les chrétiens pratiquent l'altruisme en mettant leur vie temporelle au service des pauvres. Jésus sert d'exemple, lui qui porte constamment attention aux pauvres et aux malades.

La voie de la contemplation est celle de la vie monacale, solitaire et pauvre. On renonce entièrement au monde, parfois même pour se retirer dans le silence. On consacre sa vie à rechercher le royaume de Dieu en soi. Jésus sert de modèle grâce à sa communion intime avec Dieu.

On retrouve sensiblement les mêmes voies dans d'autres traditions religieuses, mais nulle part ailleurs les croyants ne sont aussi défavorisés que les chrétiens. Dans les Évangiles, Jésus dit peu de chose à propos de la vie quotidienne. Aucune autre religion ne donne si peu d'explications sur ce que le fondateur veut que les disciples accomplissent. En outre, Jésus s'exprime dans l'absolu ; sa voix nous parvient d'un lieu éternel. Elle ne nous parvient que très rarement du monde quotidien.

Ces trois voies peuvent s'adapter à la quête de la connaissance de Dieu. Le changement le plus significatif, c'est que la dévotion, la compassion et la contemplation de Dieu s'adressent au moi supérieur, ou à l'âme. Là où le catholicisme traditionnel se sert du Christ comme moyen de parvenir à Dieu, le chemin de la spiritualité a recours à la connaissance de Dieu.

De façon plus précise, nous vivons selon les paroles de Jésus, qui insiste souvent dans les Évangiles sur la nécessité de se réveiller et de se tenir réveillé.

> «Veillez donc, car vous ne savez quand viendra le maître de la maison, ou le soir, ou au milieu de la nuit, ou au chant du coq, ou le matin ».
>
> (Marc, 13, 35)

Lorsque nous comparons cette ordonnance à celle du royaume de Dieu en nous, nous nous rendons compte que le fait de nous tourner vers l'intérieur exige que nous soyons réveillés également. En fait, c'est la seule façon de vivre en profondeur le parcours vers la spiritualité. La dévotion, la compassion et la contemplation, moyens plus traditionnels, ne résolvent pas vraiment le problème de la contradiction entre la vie intérieure et extérieure proposée par Jésus. Tolstoï avait raison : si vous prenez Jésus au mot, vous devez « recentrer » votre vie tout entière, loin des coutumes terrestres et près de Dieu.

Dans la mesure où il est si absolu, Jésus ne propose pas de voie de la dévotion se résumant par une prière et une dévotion quotidiennes à Dieu. Il réclame une dévotion totale et indéfectible : « Tu aimeras le Seigneur, ton Dieu, de tout ton cœur, de toute ton âme, et de toute ta pensée » (Matthieu 22, 37). En d'autres mots, chaque pensée et chaque action doit se diriger vers Dieu. Mais un tel enseignement est impraticable, sauf pour les ermites les plus dévoués. Il en est ainsi de l'altruisme total que l'on exige de certains sur le chemin de la compassion et de la concentration sur la spiritualité, ou sur la voie de la contemplation. Nier le monde conduirait à l'extinction, ce que personne ne préconise. Jésus ne nous demande pas d'annihiler notre moi et notre personnalité au nom de Dieu. Il est plus raisonnable de croire que l'atteinte du Ciel est le résultat d'un processus en voie de développement.

Si vous rencontriez Jésus aujourd'hui tel qu'il est apparu dans la vie réelle, il y aurait un immense écart entre votre degré de conscience et le sien. Ce qui est également vrai quand vous rencontrez des gens très inspirants sur le plan spirituel mais loin d'être aussi éclairés que Jésus, ce saint parmi nous, dont la compassion nous oblige à voir en face nos propres failles spirituelles. Si vous aviez dû suivre Jésus après l'avoir rencontré, vous auriez dû réduire cet écart en vous engageant sur une voie se déployant au fil du temps. Il en va de même lorsqu'il ne s'agit pas d'un Jésus de chair et de sang : vous devez combler le même écart entre votre présent état de conscience et la connaissance de Dieu. La dévotion, la compassion et la contemplation restent des moyens possibles de transformation personnelle, mais de nombreux chrétiens tombent dans le piège lorsqu'ils se disent qu'il n'est pas nécessaire de se transformer intérieurement et qu'il suffit de poser des gestes de dévotion (aller à la messe, prier, donner aux pauvres, et ainsi de suite), de s'investir après des pauvres et des malades ou encore de penser à Dieu aussi souvent que possible. Jésus nous met en garde contre ce piège quand il parle, sous forme de parabole, de la semence qui tombe sur une terre inculte et ne produit pas. Cette semence, c'est son enseignement ; la terre inculte est un esprit qui n'est pas prêt à recevoir la vérité.

Jésus ne nous dit pas comment rendre fertile une terre inculte. Il nous dit seulement que certaines personnes reçoivent un peu de vérité, d'autres, beaucoup, et d'autres, pas du tout. Supposons que vous et moi nous puissions absorber juste un peu de vérité. Nous tomberions alors dans la catégorie des disciples de Jésus. Nous ne serions ni désespérés, ni complètement réalisés en Dieu. Nous nous tournerions vers Jésus parce qu'il comprend le territoire de l'inconnu – la source non seulement du Messie, mais de l'âme même.

Deuxième partie

L'ÉVANGILE DE LA CONNAISSANCE

EN LISANT CE QUE JÉSUS A DIT

LORSQUE Jésus parle plus directement de la connaissance, parfois brièvement mais toujours avec force, il aborde plusieurs sujets. J'en ai retenu dix qui recoupent chaque enseignement à propos de la connaissance. J'ai mis de côté certains commentaires de la Bible, dont ceux de Paul, qui a, plus que tout autre, forgé l'image et la réputation du Christ, car il visait à faire la preuve du miracle d'un Messie ressuscité d'entre les morts. Notre but est de rechercher directement la sagesse de Jésus. Les dix sujets dont je parle sont les suivants :

L'amour et la grâce
La foi
La révélation et la rédemption
Jésus et le moi
La méditation
La contemplation
La prière
Le karma – ensemencement et récolte
L'illusion du monde
L'union

La plupart de ces sujets peuvent sembler familiers. La foi, l'amour et la rédemption sont des éléments importants sur le chemin de la connaissance, comme ils le sont dans le christianisme traditionnel. Mais deux de ces sujets – le karma et l'illusion du monde – résonnent sans doute curieusement aux oreilles des chrétiens. Or, Jésus parle du karma quand il dit : « Vous récolterez ce que vous avez semé. » Il aborde également l'illusion du monde quand il déclare : « Soyez dans le monde, mais pas de celui-ci. » Ce sont là des déclarations que Jésus a élaborées beaucoup plus largement qu'on ne le pense. Il n'a pas utilisé le mot sanscrit karma, mais il est bien évident qu'il avait déjà intégré les leçons du *karma* dans sa propre vision du monde.

Les quatre Évangiles racontent une histoire ; ce faisant, ils mêlent plusieurs sujets. En s'efforçant de se donner une couleur d'éternité, ils font souvent fi du temps et de l'espace. Les paroles de Jésus ne sont même pas livrées dans un ordre chronologique, ce qui est regrettable car cela nous aurait permis de voir l'évolution de ses idées. Par exemple, Jésus a-t-il toujours béni les pauvres et condamné les riches ? Prodigue-t-il ses enseignements à des moments précis ? à des personnes précises ? Dans la mesure où on fait parler Jésus pour tous les temps, il flotte constamment dans une sorte d'« ailleurs » peu réaliste.

J'ai fait un tri parmi des centaines de versets. Mon but était de trouver ceux qui reflètent tout le spectre de ce que Jésus avait à dire – même des choses négatives ou décourageantes. Car, contrairement aux images qui nous le montrent souriant, affable, Jésus était capable de colère, de sévérité, voire de rejet à l'égard de ceux qui ne pouvaient ou ne voulaient pas le comprendre.

Les Évangiles ne sont pas écrits en grec littéraire ; Jésus lui-même parle un dialecte araméen propre à la région d'où il vient, soit le nord de la Galilée. Le grec était la langue utilisée sur la place publique dans l'est de l'Empire romain. Les marchands de poissons et de tissus vendaient leurs produits dans cette langue véhiculaire ; les acheteurs marchandaient dans cette langue ; les négociants des deux côtés de la Méditerranée y recouraient pour se comprendre mutuellement. Cette langue possédait un vocabulaire de base. En conséquence, les quatre Évangiles sont directs et simples. Ils ne recherchent pas des expressions alambiquées. Plusieurs versets se résument à : « Jésus a dit ceci, puis cela. » Cette formulation simple plaisait à Jésus, qui s'exprimait de façon directe et provocante dans le but de secouer son auditoire. Ainsi, en feuilletant le Nouveau Testament, on relève la conjonction « et » une quinzaine de fois dans les dix premiers versets de l'Évangile selon Matthieu, dont quatre fois dans les versets 6-7 : « Les disciples allèrent, *et* firent ce que Jésus leur avait ordonné. Ils amenèrent l'ânesse *et* l'ânon, mirent sur eux leurs vêtements, *et* le firent asseoir dessus » (Matthieu 21, 6-7).

La vision de Jésus était tellement prodigieuse qu'elle a donné naissance à une nouvelle religion. Mais sans les lumières d'une conscience supérieure, les enseignements de Jésus n'apparaissent que comme une simple fantaisie, un vague espoir qui ne sera rempli qu'au Ciel. Les chrétiens aiment croire que leur religion est unique, et ils y arrivent en affirmant que Jésus est le seul et unique fils de Dieu. Par ce fait même, ils risquent de s'éloigner du grand projet humain, qui a commencé plusieurs siècles avant la venue du Christ et se poursuit de nos jours. Ce projet vise à transcender le monde physique pour atteindre le royaume de l'âme.

L'amour et la grâce

Jésus s'identifie entièrement à l'amour. Il est catégorique : « À ceci tous connaîtront que vous êtes mes disciples, si vous avez de l'amour les uns pour les autres » (Jean 13, 35). Certes, le mot « amour » est intimement lié à Jésus, bien qu'il n'apparaisse qu'une quarantaine de fois dans les Évangiles. Même s'ils ne se souviennent pas de grand-chose à propos de Jésus, les croyants disent constamment : « Aime ton prochain comme toi-même. »

Les premiers écrits qui ont suivi la crucifixion de Jésus, telles les Épîtres de Paul, s'extasient devant la promesse de l'amour de Dieu, et leurs auteurs sont impatients de livrer ce message au monde. C'est comme si Dieu avait oublié la race humaine avant que Jésus ne vienne insuffler l'amour divin dans la vie quotidienne. Jésus lui-même parle de l'amour comme d'un « nouveau commandement ». Le judaïsme a déjà demandé aux gens d'aimer Dieu (le Chant de Salomon est tout aussi enthousiaste au sujet de l'amour que n'importe quel passage du Nouveau Testament), mais Jésus, lui, considère l'amour comme un événement révolutionnaire qui modifie l'existence. L'amour ramènera Dieu dans notre vie. L'amour nous permettra de nous entendre avec nos ennemis et emplira nos cœurs de joie.

Qu'est-ce qui fait de l'amour une telle nouveauté ? La question doit être posée à chaque génération : c'est la semence de la recherche spirituelle. Si vous ne pouvez pas découvrir le sens réel de l'amour, aucun temple ne pourra vous le transmettre. Comme toute religion bien organisée, le christianisme a rejeté depuis longtemps l'amour en tant que chemin radical vers la transformation ; il se contente de rendre hommage aux paroles de Jésus au sujet de l'amour du prochain et de condamner la guerre et l'intolérance. C'est de cette manière que l'Église a réussi à se rendre acceptable aux yeux de la société, aux prises depuis la nuit des temps avec ses vieilles habitudes de violence. Néanmoins, elle n'a jamais résolu l'énigme que représente le dogme principal de Jésus : comment une personne peut-elle aimer une autre personne – un voisin, un ennemi ou un membre d'une autre famille – plus qu'elle-même ?

Pour ce qui est du moi, ce défi est insoluble : le « je » sera toujours plus important que le « tu ». Même l'amour romantique, qui semble unir étroitement deux personnes, du moins au début de l'idylle, peut tourner à la division et à la haine lorsqu'un des partenaires trahit le « je ». L'intense amour d'une mère pour son petit peut se transformer en égoïsme, ou faire de ce dernier un enfant gâté. La source du problème vient de ce que l'amour divin est séparé de l'amour humain par un très grand écart. Comme nous l'avons déjà vu, c'est un abîme de la conscience, que seule la conscience peut remplir.

L'amour humain repose sur les relations. Les gens qui sont les plus près de moi reçoivent mon amour, et non ceux qui sont loin de moi. Je m'attends à donner et à recevoir à l'intérieur de mes relations. Les autres doivent mériter l'amour que je leur porte, sinon je me retirerai de la relation. Au contraire, l'amour divin est gratuit et n'est pas nécessairement mérité. La grâce de Dieu transcende la relation. Dieu ne peut pas entretenir de rapport avec une personne plutôt qu'avec une autre. Jésus illustre très bien cet aspect quand il déclare que Dieu aime les méchants et leur pardonne. Ce ne sont pas leurs actions qui leur ont attiré l'amour de Dieu. Tout ce qu'ils ont fait, c'est exister. Et exister, c'est être aimé de Dieu.

Pourtant, Jésus demande parfois que les humains obéissent à la loi de Moïse et qu'ils soient punis pour leurs péchés. Il dit que, pour être sauvé, il faut croire en lui, le Messie, et plaire à Dieu en exécutant des tâches matérielles, comme faire de bonnes actions. Ainsi, la colère divine vient ternir la promesse de la grâce lorsqu'on ne joue pas son rôle dans l'ordre traditionnel des choses.

Dans la mesure où la nature même de la grâce est l'amour inconditionnel, un Dieu qui peut être à la fois content et mécontent n'est pas un Dieu de grâce. Il y a une façon de résoudre cette contradiction, c'est de choisir le bon Jésus, ou le moins bon, et de déformer la réalité à son avantage. En mettant implacablement l'accent sur la sanction des péchés, le fondamentalisme choisit le moins bon Jésus, tandis que le christianisme libéral, qui se veut parfaitement aimable, opte pour le bon. Puisque certains versets de la Bible contredisent ces deux positions, nulle n'est satisfaisante, en fin de compte. Le seul moyen viable de se conformer aux enseignements de Jésus sur l'amour, c'est de les faire coïncider avec notre propre niveau de conscience.

La réalité se transforme en différents états de conscience ; il en va de même pour l'amour. Aux stades plus bas de la conscience, notre expérience est à la remorque de notre besoin de survivre, et nous percevons plusieurs menaces à notre bien-être. L'amour est temporaire et beaucoup trop faible pour contrer la menace de la violence. À cette étape de la conscience, nous nous sentons comme des victimes : nous ne voyons aucun signe nous disant que Dieu veille sur nous, ni qu'il s'intéresse à nous. Devant de telles expériences, la grâce divine semble être, au mieux, une promesse lointaine. Pour que la grâce opère, la vie doit changer, mais la conscience doit changer d'abord.

C'est pourquoi l'amour représente l'épreuve ultime de vérité. Chacun de nous s'imagine tout d'abord que l'amour a failli de plusieurs façons. Nous savons que nous n'aimons pas nos ennemis ; parfois même, nous ne sommes même pas sûrs d'aimer nos êtres chers et nos proches autant que nous le devrions. Souvent, nous sommes habités par des sentiments étrangers à l'amour, comme l'avidité ou l'égoïsme. Nous regardons tout autour de nous et nous y trouvons peu de preuves que Dieu nous aime à la façon rédemptrice de Jésus. La réalité de la croissance intérieure est insaisissable, voire trompeuse : il nous arrive de croire que nous sommes meilleurs que nous ne le sommes en réalité, ou de voir Dieu dans chaque nuage et dans chaque fleur. L'amour de Jésus est beaucoup plus qu'un sentiment de bien-être et de satisfaction, il est connecté au pouvoir ; le jaillissement de cet amour est une expérience radicale, un signe évident que la conscience s'est élevée au plus haut niveau.

Les enseignements de Jésus ne sont intégrés que lorsque nous *devenons* cet enseignement. Un instinct profond de l'amour existe en chacun de nous. Cependant, tout naturel que nous semble l'amour, nous ne sommes pas amour. Nous choisissons ceux à qui nous voulons donner de l'amour, mais dès que le courant ne passe plus, cet amour disparaît. La leçon de Jésus à propos de l'amour divin est que ce dernier est tellement rempli de grâce qu'il peut transformer entièrement un être.

L'abondance de la grâce

> «Vous avez appris qu'il a été dit : Tu aimeras ton prochain, et tu haïras ton ennemi.
> « Mais moi, je vous dis : Aimez vos ennemis, bénissez ceux qui vous maudissent, faites du bien à ceux qui vous haïssent, et priez pour ceux qui vous maltraitent et qui vous persécutent, afin que vous soyez fils de votre Père qui est dans les cieux ; car il fait lever son soleil sur les méchants et sur les bons, et il fait pleuvoir sur les justes et sur les injustes. »
>
> (Matthieu, 5, 43-45)

Ce passage en forme de capsule résume tout ce qui rend l'amour divin si beau et si difficile à vivre. Comment Jésus peut-il s'attendre que nous soyons comme Dieu et que nous répandions l'amour autour de nous ? La clé se trouve dans deux images : le soleil et la pluie. Ce sont les bases de la vie, la source même de la nourriture. Jésus nous dirige vers notre propre source. Chacun porte en soi un degré de conscience, aussi stable que le soleil et aussi vivifiant que la pluie. C'est cela, le pur Esprit. Sans lien avec lui, il est impossible d'aimer ses ennemis. En ce qui me concerne, ce passage est lumineux car il trace la ligne entre la conscience quotidienne et celle, plus élevée, dont Jésus parle dans son enseignement. Ne dit-il pas : « Ce qui est impossible à l'homme est possible pour Dieu » ? Ces mots renvoient eux aussi à l'amour des ennemis ; mais plutôt que de laisser cela à Dieu, nous pouvons nous élever personnellement à un niveau où l'amour de tous et de chacun est spontané et naturel.

L'amour total

> Jésus lui répondit : « Tu aimeras le Seigneur, ton Dieu, de tout ton cœur, de toute ton âme, et de toute ta pensée. C'est le premier et le plus grand commandement. »
> Et voici le second, qui lui est semblable : Tu aimeras ton prochain comme toi-même.
> De ces deux commandements dépendent toute la loi et les prophètes.
> (Matthieu, 22, 37-40)

Aussi beau et connu que soit ce passage, c'est également l'un de ceux qui provoquent le plus de divisions. Les chrétiens sont divisés entre une élite qui consacre sa vie à l'amour de Dieu, et la grande majorité qui lui réserve occasionnellement une heure le dimanche. Mais il s'agit là d'une fausse répartition, qui semble dire que Jésus exigeait des croyants beaucoup de temps et d'efforts. En réalité, Jésus parlait plutôt d'intégralité. Si tout votre esprit se voue à l'amour de Dieu, il se produit un changement en vous. Votre esprit n'est plus fragmenté ni indifférent. Il a trouvé sa source, Dieu, et aimer Dieu devient alors tout à fait naturel. Prétendre qu'aimer Dieu est un combat, c'est comme dire que l'amour de la musique ne nous laisse aucun temps libre pour une autre activité. Le contraire est vrai : si vous aimez profondément la musique ou toute autre chose, votre amour devient aussi naturel que le fait de respirer. C'est ce que Jésus voulait dire à propos de l'amour de Dieu.

L'amour est innocence

> Jésus, voyant cela, fut indigné, et leur dit : « Laissez venir à moi les petits enfants, et ne les en empêchez pas ; car le royaume de Dieu est pour ceux qui leur ressemblent.
> « Je vous le dis en vérité, quiconque ne recevra pas le royaume de Dieu comme un petit enfant n'y entrera point. »
>
> (Marc, 10, 14-15)

Comme pour souligner le naturel et la spontanéité de l'amour de Dieu, Jésus compare cet amour à celui d'un enfant envers ses parents. Nous devons désapprendre tout ce que nous avons appris dans nos amours d'adultes. L'amour égoïste, conditionnel et exigeant ne peut pas se transformer en amour de Dieu. Nous devons transcender l'amour.

Vivre dans la grâce

> « Mais aimez vos ennemis, faites le bien, et prêtez sans rien espérer. Et votre récompense sera grande, et vous serez fils du Très Haut, car il est bon pour les ingrats et pour les méchants. Soyez donc miséricordieux, comme votre Père est miséricordieux. »
>
> (Luc, 6, 35-36)

Conscient que les gens doivent atteindre un idéal supérieur, Jésus leur dit de vivre comme s'ils y étaient déjà parvenus. On doit tenir compte de ces deux aspects. Pour suivre le chemin de la spiritualité en changeant ses croyances et ses perceptions, il faut du temps. Dieu appuie tout effort dans la bonne direction et, par conséquent, la meilleure façon de vivre dans le moment présent est de comprendre que la grâce est réelle. Mais cette compréhension ne se fait pas sans un changement de la conscience.

Aimez comme je vous aime

> « Je vous donne un commandement nouveau : Aimez-vous les uns les autres ; comme je vous ai aimés, vous aussi, aimez-vous les uns les autres. »
>
> (Jean, 13, 14)

L'Ancien Testament ordonne déjà aux gens de s'aimer les uns les autres. Ce qu'il y a de nouveau ici, c'est le « comme je vous ai aimés ». Jésus reconnaît qu'il faut aimer à la manière de Dieu et non de façon ordinaire. Les gnostiques savaient cela, eux qui disaient : « Aime ton frère comme ton âme, veille sur lui comme sur la prunelle de ton œil ! » (Thomas 49). Plus une personne est aussi près de vous que votre âme, plus votre amour doit ressembler à celui de Jésus.

L'amour est pardon

> Puis, se tournant vers la femme, il dit à Simon : « Vois-tu cette femme ? Je suis entré dans ta maison, et tu ne m'as point donné d'eau pour laver mes pieds ; mais elle, elle les a mouillés de ses larmes, et les a essuyés avec ses cheveux. Tu ne m'as point donné de baiser ; mais elle, depuis que je suis entré, elle n'a point cessé de me baiser les pieds. Tu n'as point versé d'huile sur ma tête ; mais elle, elle a versé du parfum sur mes pieds. C'est pourquoi, je te le dis, ses nombreux péchés ont été pardonnés, car elle a beaucoup aimé. Mais celui à qui on pardonne peu aime peu. »
>
> (Luc, 7, 44-47)

Jésus aimait les humbles parce qu'ils ne mettaient aucun obstacle à son amour. Ils servaient sans condition parce qu'ils n'avaient aucun rang social à protéger. Mais la grande leçon qui se dégage de tout cela, c'est que l'amour-propre met un frein à la croissance spirituelle. L'orgueil empêche un être d'accueillir Jésus avec amour ; de même, cet orgueil l'empêche d'accueillir sa propre âme. À plusieurs occasions, Jésus dit qu'il a été envoyé pour venir en aide à ceux qui ont le plus besoin d'amour, ce qui comprenait non seulement les pauvres et les faibles, mais aussi les méchants. Il se comparait à un médecin qui porte son attention aux malades et non aux bien portants, qui n'ont pas besoin d'être guéris.

Restez en moi

« Si vous demeurez en moi, et que mes paroles demeurent en vous, demandez ce que vous voudrez, et cela vous sera accordé. Si vous portez beaucoup de fruits, c'est ainsi que mon Père sera glorifié, et que vous serez mes disciples. Comme le Père m'a aimé, je vous ai aussi aimés. Demeurez dans mon amour. Si vous gardez mes commandements, vous demeurerez dans mon amour, de même que j'ai gardé les commandements de mon Père, et que je demeure dans son amour. Je vous ai dit ces choses, afin que ma joie soit en vous, et que votre joie soit parfaite. »

(Jean, 15, 7-11)

C'est le passage le plus long et le plus éloquent dans lequel Jésus décrit l'amour divin. Il invite le lecteur à faire partie de Jésus, à s'unir à lui dans un amour aussi intime que son amour de lui-même. Toutefois, c'est la dernière partie qui est la plus émouvante, c'est-à-dire lorsque Jésus affirme que l'amour, pour lui, rend sa joie parfaite. Trop souvent, nous supposons que nous avons besoin de Jésus et qu'il n'a pas besoin de nous. D'une façon très humaine, Jésus dit précisément le contraire. Il est sur Terre pour remplir la volonté de Dieu en apportant l'amour à chaque être. La naissance d'une nouvelle humanité remplira le Christ de joie.

Rien n'est plus important que de s'approprier l'enseignement de Jésus à propos de l'amour que nous lui portons. Cette démarche n'est pas facile, car l'amour qu'il demande est presque impossible. Nous cherchons confusément le sens de l'amour que Dieu exige de nous. La seule façon d'y parvenir est de découvrir qu'il s'agit véritablement d'amour divin. D'autres démarches ont souvent conduit les hommes sur la voie du massacre et de la souffrance.

La foi

Il semble que le Jésus qui s'exprime dans les Évangiles soit obsédé par la foi. Il en fait la condition essentielle pour entrer dans le paradis et échapper à l'enfer. Il guérit l'aveugle et le boiteux parce qu'ils ont la foi. Il affirme qu'une simple étincelle de foi peut produire des miracles. Les passages à propos de la foi sont parmi les plus émouvants des évangiles.

> Et voici, une femme atteinte d'une perte de sang depuis douze ans s'approcha par-derrière lui, et toucha le bord de son vêtement. Car elle disait en elle-même : « Si je puis seulement toucher son vêtement, je serai guérie. » Jésus se retourna, et dit, en la voyant : « Prends courage, ma fille, ta foi t'a guérie. » Et cette femme fut guérie à l'heure même.
>
> (Matthieu, 9, 20-22)

La vertu la plus importante est l'amour. La foi est l'atout principal d'une nouvelle religion pour unir ses membres. Être chrétien, c'est croire que Jésus est le Messie et qu'il est ressuscité d'entre les morts.

Il s'agit ici d'un problème épineux, dans la mesure où la connaissance n'a rien à voir avec la foi. Ce n'est pas non plus un test de loyauté pour démontrer que l'on est un disciple fervent. Lorsque Jésus affirme à un croyant qu'il vient de guérir que sa propre foi a rendu le miracle possible, cela signifie que Dieu n'accorde pas de miracle à l'infidèle.

Pourtant, en dehors de l'Occident, la foi représente habituellement une mince partie de la guérison par les mains. C'est une marque particulière du christianisme que de mettre la foi au centre de la vie religieuse.

Pourquoi est-ce si difficile pour nous ? Tout simplement parce que chaque fois que Jésus affirme la nécessité de la foi lors d'un miracle, il ne se concentre pas sur d'autres techniques spirituelles qui pourraient aider quelqu'un qui cherche la voie. Dans une certaine mesure, la foi est une chimère éternellement poursuivie et jamais atteinte. Où existe-t-il une discipline spécifique et pratique semblable à ce qu'enseignent les bouddhistes zen ? Au Moyen Âge, l'Église a conçu des disciplines spirituelles d'une rigueur et d'une complexité extrêmes, mais elles ne découlaient pas de l'enseignement de Jésus.

Ces pratiques spirituelles sont mises de côté au nom de la foi, considérée comme la clé des miracles et de l'entrée au royaume des cieux. Pour sortir de ce dilemme, il faut s'imaginer que Jésus fait sans doute allusion à la foi comme à une expérience vécue dans un état supérieur de conscience. En d'autres mots, si vous êtes dans la connaissance de Dieu, comme Jésus l'était, vous verrez qu'un peu de foi réussit à déplacer des montagnes. Je pense que cette interprétation est tout à fait juste, comme le démontre Jésus qui tente d'élever ses disciples à son propre niveau – là où les miracles se produisent tout naturellement. Bien avant de connaître Dieu, il faut avoir la foi, et cela pour plusieurs raisons. Vous devez vous tenir sur la voie, en conformité avec votre vision ; vous devez vous assurer que Dieu est toujours avec vous ; et, par-dessus tout, vous devez vous donner le courage de faire le saut dans l'inconnu. Mais, au bout du compte, lorsque les miracles se matérialisent, la foi en Dieu devient la même que la foi en vous-même.

Dès lors que l'on considère Jésus comme le dispensateur de la connaissance, la foi change de cible. Vous n'avez pas besoin de croire au Messie ou à sa mission ; vous devez plutôt croire à la vision d'une connaissance supérieure. Souvent, lorsque vous avez besoin d'une telle foi – parfois désespérément –, vous trouvez le parcours très long. Vos expériences n'appartiennent qu'à vous et, comme le mouvement des marées, elles vous rapprochent de votre âme ou vous en éloignent, mais vous devez croire que le but existe. Jésus nous est ici d'un précieux secours, puisque personne au cours de l'histoire n'a été aussi ancré que lui dans la réalité de Dieu et du royaume des cieux que l'on trouve à l'intérieur de soi.

La foi et la lumière

> « Pendant que vous avez la lumière, croyez en la lumière, afin que vous soyez des enfants de lumière. » Jésus dit ces choses, puis il s'en alla, et se cacha loin d'eux.
>
> (Jean, 12, 36)

Voilà le témoignage le plus court et plus convaincant que Jésus ait livré à propos de la foi. Plutôt que de dire « croyez en moi », il renvoie ses disciples à sa nature, soit à la lumière de la conscience pure. Ainsi, l'Évangile de Jean détourne l'attention sur le culte de Jésus vers un sens plus profond de la spiritualité.

Dieu s'occupera de tout

« Qui de vous, par ses inquiétudes, peut ajouter une coudée à la durée de sa vie ? Et pourquoi vous inquiéter au sujet du vêtement ? Considérez comment croissent les lys des champs : ils ne travaillent ni ne filent ; cependant, je vous dis que Salomon même, dans toute sa gloire, n'a pas été vêtu comme l'un d'eux. Si Dieu revêt ainsi l'herbe des champs, qui existe aujourd'hui et qui demain sera jetée au four, ne vous vêtira-t-il pas à plus forte raison, gens de peu de foi ? »

(Matthieu, 6, 27-30)

Dans son sermon sur la Montagne, Jésus avance une idée simple et révolutionnaire qui peut changer notre vision de l'existence. Cette idée est la suivante : laissez Dieu s'occuper de tout.

Dans ce passage, même le vêtement, objet de première nécessité, est confié à Dieu. Mais Jésus sait bien que la fabrication des vêtements exige beaucoup de travail. Alors, que veut-il dire quand il affirme que Dieu le donne ? Le nœud de l'affaire, c'est la liberté. Si vous êtes libéré du fardeau du travail, de l'inquiétude et de la souffrance, vous vous rendez compte que tout se trouve dans la nature. Si nous nous voyons comme des créatures complexes, à l'opposé des lys des champs, c'est parce que notre existence n'est que combat. Aux yeux de Jésus, c'est une erreur.

Dans la mesure où nous sommes plus près de Dieu grâce à notre degré de conscience, Dieu nous donne davantage de « nourriture » qu'il n'en donne aux animaux et aux plantes. Cependant, sa façon de donner n'est pas la même pour chacun. Dans la mesure où nous sommes conscients, nous recevons notre nourriture par la voie de l'esprit. Le monde physique lui-même sort de l'esprit de Dieu et, quand nous nous rapprochons de lui, tout dans la Création devient partie de nous-mêmes. Dans le sens littéral du mot, la gloire divine nous habille. Sans la foi, nous ne voyons pas cette gloire. Nous avons l'impression que le monde est séparé de nous et qu'il est souvent hostile à nos besoins. Il est nécessaire que Jésus, dans son état supérieur de conscience, nous transmette une vision qui nous libérera de ces perceptions limitées. Lorsque cela se produit, nous nageons sans effort dans la gloire, comme les lys des champs.

Croire en une vision

> « Cherchez premièrement le royaume et la justice de Dieu ; et toutes ces choses vous seront données par-dessus. Ne vous inquiétez donc pas du lendemain ; car le lendemain aura soin de lui-même. À chaque jour suffit sa peine. »
>
> (Matthieu, 6, 33-34)

Ce passage, qui suit celui dont nous venons de parler, indique à ceux qui écoutent Jésus comment recevoir les dons de la Providence. Jésus nous explique cela lorsqu'il déclare, dans le sermon sur la Montagne, que Dieu pourvoit à toutes les nécessités de l'existence – nourriture, vêtement, abri. Comme cette notion est tout à fait étrangère à leur expérience, on peut penser que les gens qui l'écoutent attendent, bouche bée, afin de savoir comment il va s'y prendre. Jésus a beaucoup à dire sur ce sujet, mais ce qu'il faut d'abord retenir, c'est qu'il faut s'efforcer d'avoir une vision supérieure. Le royaume de Dieu se trouve à l'intérieur de nous. Plutôt que de regarder vers le monde extérieur, Jésus nous dévoile où naît la réalité et, par conséquent, où elle se réalise.

La porte s'ouvrira

> « Demandez, et l'on vous donnera ; cherchez, et vous trouverez ; frappez, et l'on vous ouvrira. Car quiconque demande reçoit, celui qui cherche trouve, et l'on ouvre à celui qui frappe. »
>
> (Matthieu, 7, 7-8)

Il y a plusieurs passages dans les Évangiles dans lesquels je ne suis pas certain d'entendre la voix de Jésus. Toutefois, ici, tout sonne vrai, car Jésus détourne la foi de lui-même et la dirige vers la source qui se trouve en chacun de nous. Quiconque demande reçoit. Toute pensée déclenche une réponse ; rien ne se perd dans l'Univers. L'intelligence divine exprime tout ce que nous pouvons imaginer.

Dans ce passage, Jésus fait ressortir la simplicité de la croissance spirituelle et son potentiel illimité. Vers la fin du Sermon sur la montagne, il veut s'assurer que les gens qui l'écoutent comprennent bien le choix qui est le leur : « C'est pourquoi, quiconque entend ces paroles que je dis et les met en pratique sera semblable à un homme prudent qui a bâti sa maison sur le roc » (Matthieu 7, 24). La maison est le soi, et le rocher sur lequel elle est bâtie est pure, éternelle et immuable connaissance de Dieu.

Rien n'est impossible

> Lorsqu'ils furent arrivés près de la foule, un homme vint se jeter à genoux devant Jésus, et dit : « Seigneur, aie pitié de mon fils, qui est lunatique, et qui souffre cruellement ; il tombe souvent dans le feu, et souvent dans l'eau. Je l'ai amené à tes disciples, et ils n'ont pas pu le guérir. – Race incrédule et perverse, répondit Jésus, jusques à quand serai-je avec vous ? jusques à quand vous supporterai-je ? Amenez-le-moi ici. » Jésus parla sévèrement au démon, qui sortit de lui, et l'enfant fut guéri à l'heure même.
>
> Alors, les disciples s'approchèrent de Jésus, et lui dirent en particulier : « Pourquoi n'avons-nous pu chasser ce démon ? – C'est à cause de votre incrédulité, leur dit Jésus. Je vous le dis en vérité, si vous aviez de la foi comme un grain de sénevé, vous diriez à cette montagne : "Transporte-toi d'ici là", et elle se transporterait ; rien ne vous serait impossible. »
>
> (Matthieu, 17, 14-20)

Jésus n'est pas dans son humeur habituelle. Il est frustré ; ses disciples le déçoivent. À plusieurs reprises, il leur a dit qu'ils avaient la capacité de guérir, et ils ont failli à la tâche. Il doit, une fois de plus, affronter le fait que son niveau de conscience est différent de celui de son entourage. S'agissant de miracles, Jésus semble mettre la barre assez bas : un peu de foi suffit à faire des miracles. Mais, en même temps, il met la barre très haut lorsqu'il dit que, si nous ne faisons pas de miracles, c'est parce que nous n'avons sans doute pas une once de foi. Je crois que Jésus exagère afin de faire comprendre très clairement ce qu'il affirme : les miracles commencent par soi. Vous devez trouver à l'intérieur de vous-même l'endroit où rien n'est impossible. Le seul mot « foi » comprend toute la voie spirituelle que nous devons emprunter pour arriver au même point que Jésus. De façon plus concise : « Ce qui est impossible aux hommes est possible à Dieu » (Luc, 18, 27).

La révélation et la rédemption

Jésus est beaucoup plus qu'intelligent. Il a reçu la connaissance directement de Dieu, sa source secrète de sagesse. Jusqu'à nos jours, la plupart des chrétiens considèrent ce lien comme unique. Seul le fils de Dieu a pu recevoir la révélation grâce à chacune des paroles de son Père. Pourtant, dans plusieurs cultures, la connaissance directe est un signe de connaissance supérieure. Toute pensée se crée dans l'esprit ; plus vous vous approchez de la source de l'esprit, plus vos pensées sont des révélations ; ce ne sont plus « vos » pensées – soit celles qui sont associées aux événements quotidiens et à vos souvenirs personnels – car vous êtes ancré dans la réalité elle-même. Jésus parle de réalité divine, de sagesse révélée de l'âme. La même expérience se reproduit chez quiconque a une connaissance supérieure. Il s'agit d'un aspect de l'intuition : ce qui nous est révélé, c'est la nature de l'âme, ou le moi supérieur.

Le principal moyen de communication utilisé par Jésus est la révélation. Un disciple pose une question et Jésus répond comme le ferait Dieu. L'esprit de Jésus est celui de Dieu. Jésus n'a pas besoin d'interpréter quoi que ce soit, car la vérité le guide. Inutile de dire qu'il représente un modèle intimidant. Peut-on vraiment s'attendre que nos propres pensées nous viennent directement de Dieu ?

Pourquoi pas ? Nous avons vécu de ces moments exaltants où nous avons été frappés par des idées qui semblaient venir de nulle part, ou par des éclairs de perspicacité. Ce sont là des aperçus de la connaissance supérieure. En d'autres mots, à quoi servirait-il de marcher sur le chemin de la spiritualité si notre esprit ne changeait pas ? Accéder à une idée ou à une intuition apparaît comme un espoir raisonnable sur cette voie. À cet égard, Jésus ne se veut pas un phénomène surnaturel, mais l'exemple de quelqu'un qui a atteint son but.

En effet, Jésus donne parfois l'impression que sa position est unique. Seul le fils de Dieu sait ce que son Père veut transmettre. Combien de fois Jésus répète-t-il : « *Mon Père et moi sommes un* » ? En revanche, il promet la révélation à ses disciples. Il leur dit : « Vous connaîtrez la vérité, et la vérité vous affranchira » (Jean, 8, 32). Il parle ici de vérité révélée, celle-là même qui émane d'une véritable relation avec Dieu.

Aux yeux de Jésus, la vérité n'est pas abstraite, c'est un concept pratique. La vérité libère les gens de tout esclavage. En conséquence, la révélation est liée à la rédemption. Habituellement, la rédemption signifie que l'on embrasse une religion et que l'on en sera récompensé en allant au Ciel après la mort. Mais être libéré par la vérité est un but atteignable dans le présent. La liberté après la mort suggère qu'il n'y a pas d'échappatoire pour les vivants. Ce n'est pas ce que Jésus avait à l'esprit. Une âme sauvée est celle qui a atteint la conscience. Mourir n'est pas un préalable.

Le voyage de l'âme commence dans l'obscurité, où la vérité est masquée ou incomprise. Ce voyage se poursuit en éliminant chaque jour un obstacle à la vérité. Parfois, nous accédons à la connaissance par de grands bonds qui nous libèrent des liens d'une mauvaise croyance. Mais, le plus souvent, la révélation avance à petits pas, une idée à la fois. Jésus nous parle de ces deux aspects du voyage.

Dieu viendra bientôt

> Le temps est accompli, et le royaume de Dieu est proche. Repentez-vous, et croyez à la bonne nouvelle.
>
> (Marc, 1, 15)

Dans les Évangiles, Jésus déclare à plusieurs reprises que le royaume de Dieu est proche, mais il s'agit ici de l'exemple le plus frappant, parce qu'il vient tout juste d'être baptisé, s'est retiré dans la nature sauvage, puis est retourné en Galilée. Aussitôt qu'il est reconnu comme envoyé de Dieu, ses premiers mots disent qu'il est en mission, une mission urgente destinée à sauver le monde. Cette mission ne touche pas uniquement les Juifs persécutés par l'Empire romain. Le mot « proche » encourage chacun de nous à trouver Dieu à l'intérieur de lui-même.

Sauvez-vous vous-même

> « Écoutez le Verbe, comprenez la Connaissance, aimez la Vie et personne ne vous persécutera, ni personne ne vous opprimera, hormis vous seuls. »
>
> (Évangile apocryphe de Jacques, 9, 19-24)

Ici, j'ai fait exception à ma volonté d'éviter les écrits ésotériques des gnostiques parce que la citation est appropriée et fort bien exprimée. Les gnostiques ne s'attardent qu'à leur seul salut et, dans ce verset, Jésus nous dit que la voie est entièrement ouverte à la connaissance et à l'amour. Les seuls obstacles sont ceux que l'on s'impose à soi-même.

Ce passage se poursuit avec éloquence : « Ne permettez pas que le royaume des cieux devienne désert en vous ! Ne soyez pas orgueilleux à propos de la lumière illuminatrice, mais soyez tels envers vous-mêmes que moi-même envers vous. »

La mort et la nouvelle vie

> « En vérité, en vérité, je vous le dis, si le grain de blé qui est tombé en terre ne meurt, il reste seul ; mais, s'il meurt, il porte beaucoup de fruits. Celui qui aime sa vie la perdra, et celui qui hait sa vie dans ce monde la conservera pour la vie éternelle. »
>
> (Jean, 12, 24-25)

Ce passage parle de transformation. Jésus dit à ses disciples que leur ancien moi doit mourir pour qu'ils puissent accéder au nouveau. Comme cela lui arrive souvent, il fait de cet enseignement une affaire de vie ou de mort. Il se montre aussi convaincant que possible. Il ajoute que, si nous restons attachés à nos vieilles manières de faire, la mort sera inévitable. Il faut regarder le moi comme une graine. Une fois mise en terre, elle mourra ; cependant, il en sortira la récompense d'une nouvelle vie, au-delà de la mort.

La révélation vous appartient

> Jésus dit : « Celui qui s'abreuvera à ma bouche deviendra comme moi, et moi je serai lui, et les choses cachées lui seront révélées ».
>
> (Thomas, 83)

Étant donné que le mouvement gnostique se fonde sur la révélation personnelle, ces paroles ont éveillé les soupçons de l'Église officielle. Cette dernière s'est sentie menacée par ces révélations faites, à n'importe qui, en dehors des structures religieuses. Elle a donc condamné les croyances de ce genre. Toutefois, à l'aune de la connaissance supérieure, les paroles de Jésus sont indéniables : quiconque atteint la connaissance de Dieu connaîtra la vérité révélée.

Rien ne peut être caché

> « Il n'y a rien de caché qui ne doive être découvert, ni de secret qui ne doive être connu. C'est pourquoi tout ce que vous aurez dit dans les ténèbres sera entendu dans la lumière, et ce que vous aurez dit à l'oreille dans les chambres sera prêché sur les toits. »
>
> (Luc, 12, 2-3)

Jésus demande souvent à ses disciples de ne pas être hypocrites comme les pharisiens. Mais dans un sens plus large, ces versets sont beaucoup plus signifiants. Sur la voie spirituelle, vous faites face à des éléments (non seulement des secrets, mais aussi de l'énergie négative) que vous préféreriez tenir dans l'obscurité. Cependant, nier la peur, la colère, la honte et la culpabilité est parfaitement inutile. Aux yeux de Dieu, tout a déjà été révélé. Quand on prend cette vérité à cœur, il devient plus facile de se révéler ses propres secrets et, ce faisant, de s'en débarrasser. C'est l'un des outils principaux de la rédemption.

Le pardon

> « Si ton frère a péché, reprends-le ; et, s'il se repent, pardonne-lui. Et s'il a péché contre toi sept fois dans un jour et que sept fois il revienne à toi, disant : "Je me repens", tu lui pardonneras. »
>
> (Luc, 17, 3-4)

Certaines attentes impossibles pèsent lourd sur le christianisme, l'une d'elles étant que Dieu a pardonné tous les péchés par l'entremise de Jésus. Cette doctrine instantanée nous laisse perplexes quant à la façon de réagir aux péchés des autres et à nos propres péchés. Ici, Jésus fait du pardon un processus qui correspond davantage à notre croissance spirituelle : Dieu effacera les effets du péché aussi longtemps qu'il le faudra, jusqu'à ce que le repentir soit réel.

Connais-toi toi-même

> Jésus dit : « Si ceux qui vous guident affirment : "Voici, le royaume de Dieu est dans le ciel", alors les oiseaux en sont plus près que vous ; s'ils vous disent : "Voici, il est dans la mer", alors les poissons le connaissent déjà [...]. Le royaume : il est à l'intérieur de vous, et il est à l'extérieur de vous. Quand vous vous connaîtrez vous-mêmes, alors vous serez connus et vous reconnaîtrez que vous êtes les fils du Père, le vivant ; mais, si vous ne vous connaissez pas vous-mêmes, vous êtes dans le vain, et vous êtes vanité. »
>
> (Thomas, 62)

Cet enseignement gnostique nous parle plus clairement que plusieurs versets des quatre Évangiles. Ce qui est ironique, et peut-être même tragique, c'est que ceux qui ont trouvé de façon si précoce la voie de la connaissance (les écrits de Thomas datent de la même période que les Évangiles) ont ensuite entendu l'Église leur dire qu'ils avaient tort et qu'elle seule avait raison. Néanmoins, cela s'est produit il y a bien longtemps et nous sommes aujourd'hui libres de considérer les paroles de Jésus au sujet de la connaissance de soi comme tout aussi authentiques, et peut-être plus, que tout ce qu'il a pu dire d'autre.

Le bon berger

> « Si un homme a cent brebis, et que l'une d'elles s'égare, ne laisse-t-il pas les quatre-vingt-dix-neuf autres sur les montagnes, pour aller chercher celle qui s'est égarée ? Et, s'il la trouve, je vous le dis en vérité, elle lui cause plus de joie que les quatre-vingt-dix-neuf qui ne se sont pas égarées. De même, ce n'est pas la volonté de votre Père qui est dans les cieux qu'il se perde un seul de ces petits. »
>
> (Matthieu, 18, 12-14)

Oubliant la menace de punition mentionnée dans le Jugement dernier, Jésus a recours à la tendre image d'un berger qui vient au secours d'une brebis égarée, mais sans laisser les autres de côté. Nous savons maintenant que la rédemption est un acte d'amour et de bienveillance.

La connaissance de première main

> « Vous sondez les Écritures, parce que vous pensez voir en elles la vie éternelle : ce sont elles qui rendent témoignage de moi. Et vous ne voulez pas venir à moi pour voir la vie. »
>
> (Jean, 5, 39-40)

Jésus affirme que la connaissance de seconde main ne remplace pas la connaissance directe. On pourrait presque interpréter ce passage comme un curieux avertissement : si vous cherchez la vérité, ne lisez pas les Évangiles ; mais, de façon plus significative, Jésus rappelle son message, à savoir que le royaume de Dieu est en nous.

Quand le royaume viendra-t-il ?

> Ses disciples lui dirent : « Quel jour, le repos de ceux qui sont morts arrivera-t-il ? Et quel jour, le monde nouveau viendra-t-il ? » Il leur dit : « Ce que vous attendez est déjà venu, mais vous, vous ne le connaissez pas. »
>
> (Thomas, 144)

Cela est un rappel utile fait par les gnostiques : le jour du Jugement dernier n'est pas un moment au sens littéral, il s'agit d'un événement qui se produit à l'intérieur, dans l'âme.

Jésus et le moi

Jésus a consacré plusieurs passages au moi, c'est-à-dire à une foule d'aspects du moi. Dans cette foule d'aspects se trouvent le moi, la personnalité et l'âme. Ces éléments ne sont pas soigneusement compartimentés, ils se glissent confusément les uns dans les autres. Tantôt, nous nous sentons tout près de l'âme, tantôt c'est le contraire. Le plus souvent, nous sommes dans la confusion, incapables de comprendre ce qu'est vraiment l'âme et ce qu'elle désire.

Jésus a consacré beaucoup de temps à clarifier cette confusion. Par exemple, il a dit : « Vous ne me comprenez pas » pour appuyer cette vérité profonde : « Vous ne savez pas qui vous êtes réellement. » En disant aux gens qui ils sont vraiment, il définit un nouvel être humain, un être pour qui faire un avec Dieu est un état naturel, supérieur.

Tous les grands maîtres spirituels veulent que l'on change, et le moi est le véhicule de ce changement. Se renouveler n'est qu'une illusion, à moins que l'ego qui nous habite quotidiennement et que l'on reconnaît dans le miroir ne délaisse ses vieilles habitudes et son conditionnement.

Les Béatitudes

Voyant la foule, Jésus monta sur la montagne ; et, après qu'il se fut assis, ses disciples s'approchèrent de lui. Puis, ayant ouvert la bouche, il leur enseigna, et dit :
« Heureux les pauvres en esprit, car le royaume des cieux est à eux !
« Heureux les affligés, car ils seront consolés !
« Heureux les débonnaires, car ils hériteront la terre !
« Heureux ceux qui ont faim et soif de la justice, car ils seront rassasiés !
« Heureux les miséricordieux, car ils obtiendront miséricorde !
« Heureux ceux qui ont le cœur pur, car ils verront Dieu !
« Heureux ceux qui procurent la paix, car ils seront appelés Fils de Dieu !
« Heureux ceux qui sont persécutés pour la justice, car le royaume des cieux est à eux !
« Heureux serez-vous, lorsqu'on vous outragera, qu'on vous persécutera et qu'on dira faussement de vous toute sorte de mal, à cause de moi.

« Réjouissez-vous et soyez dans l'allégresse, parce que votre récompense sera grande dans les cieux ; car c'est ainsi qu'on a persécuté les prophètes qui ont été avant vous. »

(Matthieu, 5, 1-12)

Ce sont les versets les plus célèbres du sermon sur la Montagne. Ils chantent la paix, l'humilité, la foi, l'indulgence et d'autres vertus du juste. Je crois qu'il serait faux de croire que Jésus nous présente ici une épreuve de vérité pour l'amour de Dieu. Nous sommes trop souvent tentés de nous mesurer à un idéal, mais nous ratons parfois notre cible. L'intention de Jésus est tout autre. Il loue le vertueux sans condamner qui que ce soit. Il faut voir dans la liste ci-dessus une inspiration pour toutes les transformations qui vont se produire sur la bonne voie. Il faut tenir ferme à cette vision du parfait chrétien, tout en étant réalistes à propos de nos propres qualités.

Être altruiste

Alors, il s'assit, appela les douze, et leur dit : « Si quelqu'un veut être le premier, il sera le dernier de tous et le serviteur de tous. »

(Marc, 9, 35)

Lorsque Jésus explique à son auditoire comment se comporter en société, il souligne que l'altruisme est primordial. En termes d'aujourd'hui, il veut dire qu'il faut faire disparaître l'ego et son incessante suffisance. Mais son auditoire du Ier siècle vivait dans un monde où les maîtres étaient bien au-dessus des serviteurs et avaient plein contrôle sur eux. Ses enseignements étaient révolutionnaires pour l'époque. Toutefois, sa conviction que « les derniers seront les premiers » n'était pas une tentative faite dans le but de renverser l'ordre public. Elle voulait révéler une vérité plus profonde, à savoir que l'esprit passe en dernier dans ce monde, tout en méritant d'être le premier.

Dieu vous estime

> « Ne vend-on pas deux passereaux pour un sou ? Cependant, il n'en tombe pas un à terre sans la volonté de votre Père. Et même les cheveux de votre tête sont tous comptés. Ne craignez donc point : vous valez plus que beaucoup de passereaux. »
>
> (Matthieu, 10, 29-31)

C'est lorsque Jésus se fait rassurant qu'il est le plus déconcertant. Il nous affirme que Dieu veille au moindre détail de notre vie, et pourtant nous savons tous (et son auditoire de l'époque aussi) ce que c'est que de se sentir seuls et ignorés de Dieu. Selon moi, vous ne pouvez vraiment pas savoir si Dieu veille sur vous. Il faudrait pour cela que vous puissiez le voir. En d'autres termes, nous avons besoin de connaître les mécanismes par lesquels une divinité invisible pose des gestes dans un monde qui nous entretient et nous protège. Mais on ne peut atteindre une telle connaissance que par une recherche sérieuse et appliquée – c'est-à-dire en pavant une voie vers la connaissance de Dieu.

Vous êtes la lumière du monde

> « Vous êtes la lumière du monde. Une ville située sur une montagne ne peut être cachée ; et on n'allume pas une lampe pour la mettre sous le boisseau, mais on la met sur le chandelier, et elle éclaire tous ceux qui sont dans la maison. Que votre lumière luise ainsi devant les hommes, afin qu'ils voient vos bonnes œuvres, et qu'ils glorifient votre Père qui est dans les cieux. »
>
> (Matthieu, 5, 14-16)

Jésus dit sans cesse à ses disciples que leur nature est l'esprit. Les gnostiques accordent beaucoup d'importance à cette notion, comme le démontre ce passage de Thomas, qui le rappelle avec insistance : « Jésus dit : "Si l'on vous demande : 'D'où êtes-vous ?' dites-leur : 'Nous sommes nés de la lumière, là où la lumière naît d'elle-même elle se tient droite, et se révèle dans leur image.' Si l'on vous demande : 'Qui êtes-vous ?" répondez : 'Nous sommes ses fils et nous sommes les bien-aimés du Père, le Vivant'." » (Thomas 143).

Une seconde naissance

> Nicodème lui dit : « Comment un homme peut-il naître quand il est vieux ? Peut-il rentrer dans le sein de sa mère et naître ? » Jésus répondit : « En vérité, en vérité, je te le dis, si un homme ne naît d'eau et d'esprit, il ne peut entrer dans le royaume de Dieu. Ce qui est né de la chair est chair, et ce qui est né de l'esprit est esprit. Ne t'étonne pas que je t'aie dit : "Il faut que vous naissiez de nouveau." Le vent souffle où il veut, et tu en entends le bruit ; mais tu ne sais d'où il vient, ni où il va. Il en est ainsi de tout homme qui est né de l'esprit. »
>
> (Jean, 3, 4-8)

Ce passage est très riche et fort bien exprimé. Il rejoint cette idée moderne voulant qu'il n'existe pas de preuve de l'existence de Dieu. Jésus dit que cette preuve est subtile et qu'elle se manifeste quand on s'y attend le moins. Il compare l'action de l'esprit au vent, que l'on peut entendre mais que personne ne voit. Notre seconde naissance se produit à ce degré subtil, là où la perception change et où l'on se rend soudainement compte que l'esprit a toujours été présent, tout comme le vent que l'on tient pour acquis.

Du vieux vin dans de nouvelles outres

> Il leur dit aussi une parabole : personne ne déchire d'un habit neuf un morceau pour le mettre à un vieil habit ; car, il déchire l'habit neuf, et le morceau qu'il en a pris n'est pas assorti au vieux. Et personne ne met du vin nouveau dans de vieilles outres ; autrement, le vin nouveau fait rompre les outres, il se répand, et les outres sont perdues ; mais il faut mettre le vin nouveau dans des outres neuves. Et personne, après avoir bu du vin vieux, ne veut du nouveau, car il dit : « Le vieux est bon. »
>
> (Luc, 5, 36-39)

Ce passage est encore plus percutant dans d'autres versions, lorsqu'il est dit que « le vin vieux est meilleur ». Jésus parle ici des nombreuses personnes qui veulent s'en tenir aux anciennes lois plutôt que d'accepter sa nouvelle vérité. Ces mots, en fait, s'appliquent à la foi en général. Nous nous entêtons, nous refusons d'abandonner nos anciennes croyances et, ce faisant, nous essayons maladroitement d'intégrer le connu à la nouveauté et à l'inconnu. Jésus affirme que cette démarche ne donne aucun résultat. Il propose une solution révolutionnaire, que l'on doit accepter telle quelle.

Où se trouve le cœur

> « Faites-vous des bourses qui ne s'usent point, un trésor inépuisable dans les cieux, où le voleur n'approche point, et où la teigne ne détruit point. Car là où est votre trésor, là aussi sera votre cœur. »
>
> (Luc, 12, 33-34).

Selon moi, il s'agit ici de l'un des propos les plus subtils de Jésus au sujet de la nature humaine. Ce que vous considérez comme votre valeur supérieure devient, à toutes fins utiles, votre conception de Dieu.

Profitez des dons de Dieu

> « Il en sera comme d'un homme qui, partant pour un voyage, appela ses serviteurs, et leur remit ses biens. Il donna cinq talents à l'un, deux à l'autre, et un au troisième, à chacun selon sa capacité, et il partit. Aussitôt, celui qui avait reçu les cinq talents s'en alla, les fit valoir, et il gagna cinq autres talents. De même, celui qui avait reçu les deux talents en gagna deux autres. Celui qui n'en avait reçu qu'un alla faire un creux dans la terre, et cacha l'argent de son maître.
>
> « Longtemps après, le maître de ces serviteurs revint, et leur fit rendre compte. Celui qui avait reçu les cinq talents s'approcha, en apportant cinq autres talents, et il dit : "Seigneur, tu m'as remis cinq talents ; voici, j'en ai gagné cinq autres." Son maître lui dit : "C'est bien, bon et fidèle serviteur ; tu as été fidèle en peu de chose, je te confierai beaucoup ; entre dans la joie de ton maître." Celui qui avait reçu les deux talents s'approcha aussi, et il dit : "Seigneur, tu m'as remis deux talents ; voici, j'en ai gagné deux autres." Son maître lui dit : "C'est bien, bon et fidèle serviteur ; tu as été fidèle en peu de chose, je te confierai beaucoup ; entre dans la joie de ton maître." Celui qui n'avait reçu qu'un talent s'approcha ensuite, et il dit : "Seigneur, je savais que tu es un homme dur, qui moissonne où tu n'as pas semé, et qui amasse

> où tu n'as pas vanné ; j'ai eu peur, et je suis allé cacher ton talent dans la terre ; voici, prends ce qui est à toi." Son maître lui répondit : "Serviteur méchant et paresseux, tu savais que je moissonne où je n'ai pas semé, et que j'amasse où je n'ai pas vanné ; il te fallait donc remettre mon argent aux banquiers, et, à mon retour, j'aurais retiré ce qui est à moi avec un intérêt. Ôtez-lui donc le talent, et donnez-le à celui qui a les dix talents. Car on donnera à celui qui a, et il sera dans l'abondance, mais à celui qui n'a pas on ôtera même ce qu'il a. Et le serviteur inutile, jetez-le dans les ténèbres du dehors, où il y aura des pleurs et des grincements de dents." »
>
> (Matthieu, 25, 14-30)

Dans la mesure où Jésus dénonce constamment la richesse, le sens de cette parabole est déroutant. Mais, ici, les pièces données par le maître sont un cadeau de Dieu, plus particulièrement le don de la connaissance qui passe par Jésus. La morale se résume donc à ceci : une fois que vous avez entendu la vérité au sujet de Dieu, vérité qu'il vous a donnée gratuitement, vous ne pouvez plus l'enfouir en vous, mais vous devez agir de façon à la faire croître.

Tout comme la semence grandit

> « Il en est du royaume de Dieu comme quand un homme jette de la semence en terre ; qu'il dorme ou qu'il veille, nuit et jour, la semence germe et croît sans qu'il sache comment. La terre produit d'elle-même, d'abord l'herbe, puis l'épi, puis le grain tout formé dans l'épi ; et, dès que le fruit est mûr, on y met la faucille, car la moisson est là. »
>
> (Marc, 4, 26-29)

Ce verset nous explique comment grandit l'esprit en nous. Il confirme à tous ceux qui sont sur la voie de la connaissance que celle-ci croît naturellement. Tout d'abord, la vérité est implantée en nous, puis elle pousse jusqu'au jour de la récolte – qui est l'état de la connaissance de Dieu. Il s'agit également d'une leçon de patience, puisqu'une graine croît lentement, sans qu'on la voie.

Construire sur des fondations solides

> « Pourquoi m'appelez-vous Seigneur, Seigneur ! et ne faites-vous pas ce que je dis ? Je vous montrerai à qui est semblable tout homme qui vient à moi, entend mes paroles, et les met en pratique. Il est semblable à un homme qui, bâtissant une maison, a creusé, creusé profondément, et a posé le fondement sur le roc. Une inondation est venue, et le torrent s'est jeté contre cette maison, sans pouvoir l'ébranler, parce qu'elle était bien bâtie. Mais, celui qui entend et ne met pas en pratique est semblable à un homme qui a bâti une maison sur la terre, sans fondement. Le torrent s'est jeté contre elle : aussitôt elle est tombée, et la ruine de cette maison a été grande. »
>
> (Luc, 6, 46-49)

Jésus nous dit qu'il faut croire en lui et en ses enseignements, mais sans oublier qu'il est la lumière. On peut ajouter à cela que le fondement que Jésus nous invite à bâtir est l'esprit lui-même. En quelque sorte, Jésus conforte ses disciples dans l'idée qu'ils sont lumière, tout comme lui.

Persister sur la voie

> Il leur dit encore : « Si l'un de vous a un ami, et qu'il va le trouver au milieu de la nuit pour lui dire : "Ami, prête-moi trois pains, car un de mes amis est arrivé de voyage chez moi, et je n'ai rien à lui offrir", et si, de l'intérieur de sa maison, cet ami lui répond : "Ne m'importune pas, la porte est déjà fermée, mes enfants et moi sommes au lit, je ne puis me lever pour te donner des pains", je vous le dis, même s'il ne se levait pas pour les lui donner parce que c'est son ami, il se lèverait à cause de son importunité et lui donnerait tout ce dont il a besoin. »
>
> (Luc, 11, 5-8)

C'est une leçon à retenir lorsque vous avez l'impression de ne pas progresser sur la voie. Dites-vous que vous n'avez rien fait de mal et que l'esprit grandira spontanément, le moment venu. Soyez patient et persistez.

Être humble

> « Lorsque tu seras invité par quelqu'un à des noces, ne te mets pas à la première place, de peur qu'il n'y ait parmi les invités une personne plus considérable que toi, et que celui qui vous a invités l'un et l'autre ne vienne te dire :"Cède la place à cette personne-là." Tu aurais alors la honte d'aller occuper la dernière place. Mais, lorsque tu seras invité, va te mettre à la dernière place, afin que, quand celui qui t'a invité viendra, il te dise : "Mon ami, monte plus haut." Alors, cela te fera honneur devant tous ceux qui seront à table avec toi. Car quiconque s'élève sera abaissé, et quiconque s'abaisse sera élevé. »
>
> (Luc, 14, 8-11)

Jésus dit souvent que l'humilité plaît à Dieu, et il cite des prophéties disant que les humbles recevront leur récompense dans l'autre monde et seront placés aux premières loges. Ici, il adopte un autre point de vue ; il dit que si vous jouez à l'important et au méritant, il y aura toujours quelqu'un de plus important et de plus méritant qui viendra se placer devant vous. Je me demande si ce point de vue n'est pas plutôt celui de l'auteur de l'Évangile (les premiers chrétiens se faisaient humbles à cause des persécutions). Ce passage fait partie de ceux dans lesquels il est difficile de départager les véritables paroles de Jésus de celles de l'auteur de l'Évangile.

Dieu et matérialisme

> « Nul serviteur ne peut servir deux maîtres. Car, ou il haïra l'un et aimera l'autre ; ou il s'attachera à l'un et méprisera l'autre. Vous ne pouvez servir Dieu et Mamon. »
>
> (Luc, 16, 13)

Un verset gnostique reprend le même message : « Jésus dit : "Il n'est pas possible qu'un homme monte deux chevaux, qu'il bande deux arcs. Il n'est pas possible qu'un serviteur serve deux maîtres, sinon il honorera l'un et méprisera l'autre" » (Thomas 77). Remarquez que l'accent n'est pas mis sur l'argent ni sur le matérialisme, mais sur la question d'allégeance. Avec qui voulez-vous vous aligner : avec Dieu ou avec le monde ? Jésus enseigne constamment qu'une personne ne peut partager son allégeance avec ces deux réalités.

La chute du moi

« Deux hommes montèrent au temple pour prier ; l'un était pharisien, et l'autre publicain. Le pharisien, debout, priait ainsi en lui-même : "Ô Dieu, je te rends grâces de ce que je ne suis pas comme le reste des hommes, qui sont ravisseurs, injustes, adultères, ou même comme ce publicain ; je jeûne deux fois la semaine, je donne la dîme de tous mes revenus." Le publicain, se tenant à distance, n'osait même pas lever les yeux au ciel ; mais il se frappait la poitrine, en disant : "Ô Dieu, sois apaisé envers moi, qui suis un pécheur." Je vous le dis, celui-ci descendit dans sa maison justifié, plutôt que l'autre. Car quiconque s'élève sera abaissé, et celui qui s'abaisse sera élevé. »

(Luc, 18, 10-14)

D'aucuns acceptent difficilement ce propos de Jésus. Ils ne veulent pas être les derniers. Mais tout s'éclaire quand on comprend qu'il parle de l'ego. Lorsque l'ego domine, on focalise sur « je, me, moi » et non sur une réalité supérieure. Dieu se trouve uniquement là où l'ego est absent. Découvrir cette vérité est un premier pas vers l'humilité. Ensuite, il faut suivre les paroles de Jésus et déboulonner l'ego de sa position de suffisance.

Accepter l'offre de Dieu

« C'est pourquoi, je vous le dis, le royaume de Dieu vous sera enlevé, et sera donné à une nation qui en rendra les fruits. »

(Matthieu, 21, 43)

Jésus, prenant la parole, leur parla de nouveau en parabole, et il dit : « Le royaume des cieux est semblable à un roi qui fit des noces pour son fils. Il envoya ses serviteurs appeler ceux qui étaient invités aux noces ; mais ils ne voulurent pas venir. Il envoya encore d'autres serviteurs, en disant : "Dites aux conviés : 'Voici, j'ai préparé mon festin ; mes bœufs et mes bêtes grasses sont tués, tout est prêt, venez aux noces.'" Mais, sans s'inquiéter de l'invitation, ils s'en allèrent, celui-ci à son champ, celui-là à son trafic ; et les autres se saisirent des serviteurs, les outragèrent et les tuèrent. Le roi fut irrité ; il envoya ses troupes, fit périr ces meurtriers, et brûla leur ville. Alors, il dit à ses serviteurs : "Les noces sont prêtes ; mais les conviés n'en étaient pas dignes." »

(Matthieu, 22, 1-8)

Ce passage est à double tranchant. Dieu nous invite dans sa réalité, et, si nous refusons, il nous punit. On a trop souvent mis l'accent sur la punition. Il faut tout simplement se rappeler qu'exister en dehors de Dieu est déjà une punition aux yeux de Jésus, étant donné que la maladie, le vieillissement et la mort sont inéluctables dans le monde matériel.

Aveugle et ivrogne

Jésus dit : « Je me suis tenu au milieu du monde et je me suis révélé à eux dans la chair. Je les ai tous trouvés ivres. Personne parmi eux qui ait soif, et mon âme s'est affligée sur les fils des hommes, car ils sont aveugles dans leur cœur. Ils ne voient pas. Nus ils sont venus au monde, nus ils en sortiront. À cette heure, ils sont ivres. Quand ils auront vomi leur vin, ils se repentiront. »

(Thomas, 70)

Bien que cet enseignement ne se retrouve pas dans les quatre Évangiles, c'est un passage poignant où Jésus décrit de quelle façon il voit les gens ordinaires. Deux autres versets de Thomas ressemblent à celui-ci, mais ils sont plus directs. Dans le premier, lorsque ses disciples lui mentionnent qu'il y a vingt-quatre prophètes dans la Bible, Jésus leur répond : « Vous avez rejeté celui qui est vivant en votre présence, et vous avez parlé de ceux qui sont morts » (Thomas 75). Quant au deuxième, il pourrait fort bien être la première loi du gnosticisme : « Je révèle mes mystères à ceux qui se font capables » (Thomas 76).

La méditation

Le chrétien qui veut rejoindre Dieu n'est pas différent du bouddhiste. Tous deux sont dirigés vers leur propre conscience. Cependant, Jésus n'appartient pas, comme Bouddha, à la tradition méditative. Il met l'accent sur la prière, la foi et la connaissance. Il n'y a, dans les Saintes Écritures, aucune preuve qu'il ait incité ses disciples à la pratique méditative. L'adoration est plus en phase avec la tradition juive.

Toutefois, dire de Jésus qu'il est traditionnel, c'est ignorer toutes les réprimandes qu'il a adressées à ceux qui disaient savoir où se trouve Dieu. Il a déclaré que l'habitat de Dieu était mystérieux, insondable, introuvable par la voie de l'esprit seul. Cela est tout à fait compatible avec la connaissance, cette transformation qui n'est ni à l'intérieur ni à l'extérieur mais dans les deux à la fois, là où la ligne entre la réalité « en dedans » et celle « en dehors » s'adoucit, s'efface et disparaît. La réalité de l'ici passe du dualisme à l'unité. Dès lors, la relation entre les événements intérieurs et extérieurs change complètement. Après tout, qu'est-ce qu'un miracle, sinon l'obéissance du monde extérieur aux intentions de l'esprit ?

Peut-on considérer Jésus comme un gourou du Gange ? C'est tentant, puisque les notions les plus détaillées de la transformation intérieure nous viennent de l'Inde et devancent Jésus de plusieurs siècles. (Certains spécialistes ont relevé des liens entre la pensée de Jésus et la tradition védique ; il existe plusieurs hypothèses suggérant que Jésus est allé en Inde, ou qu'il est entré en contact avec des commerçants indiens.) Néanmoins, il ne serait pas juste d'« orientaliser » Jésus de cette manière. Les enseignements de Jésus à propos de la vie intérieure demeurent vagues ; les auteurs des Évangiles ont laissé de grands vides dans ce domaine. À cause d'eux et des pères de l'Église, les chrétiens ont continué à mettre l'accent sur l'adoration plutôt que sur la transformation de soi, sur la prière plutôt que sur la méditation, sur la foi plutôt que sur la croissance intérieure.

Dans le Nouveau Testament, on ne retrouve pas de paroles équivalentes à celles du psaume 46 : « Arrêtez-vous, et sachez que je suis Dieu : je domine sur les nations, je domine sur la Terre. » Il aurait été utile que Jésus soit aussi explicite que dans le psaume 37 : « Garde le silence devant l'Éternel et espère en lui. » Une chose est certaine, cependant : il est nécessaire qu'une sorte de révolution intérieure se produise pour qu'une personne ordinaire accède au royaume des cieux ; Jésus est très clair à ce sujet. En l'absence de techniques méditatives qu'il aurait pu enseigner, nous pouvons nous en remettre au fait que Jésus, étant Dieu ou avec Dieu, n'est pas en état d'action ni de pensée. Exister est intemporel. Lorsque Jésus dit de lui-même : « En vérité, en vérité, je vous le dis, avant qu'Abraham fût, je suis » (Jean 8, 58), il parle de son état d'être humain. Il ne parle pas de réincarnation. Mais il aurait pu dire : « Avant Abraham, j'étais. » S'il emploie le temps présent (« je suis »), c'est pour démontrer une existence au-delà du temps. Ce qui nous amène à croire que, lorsque Jésus demande à ses disciples d'aller vers l'intérieur, il leur demande de découvrir leur être par eux-mêmes. La méditation se fonde, elle aussi, sur les bases du silence, de la liberté, de l'existence immobile, par opposition à l'activité de l'esprit. Jésus nous enseigne ce qu'il en est en recourant à des mots comme « un » et « tout » pour décrire la réalité qui englobe le Tout, au-delà du monde matériel. Jésus dit de cette réalité qu'elle est sa source et qu'il la tient pour sa vraie nature.

Je suis le Tout

> Jésus dit : « Je suis la lumière qui illumine tout homme. Je suis le Tout. Le Tout est sorti de moi et le Tout est parvenu à moi. Fendez du bois, je suis là. Soulevez une pierre, vous me trouverez là. »
>
> (Thomas, 78)

Dans les évangiles gnostiques, c'est un Jésus très mystique qui apparaît, un maître qui dépasse le Jésus des quatre Évangiles et qui se drape dans des idées que l'on ne peut comprendre de façon rationnelle. (Il faut garder à l'esprit que les écrits de Thomas sont contemporains des Évangiles.) Dès le début, les gnostiques ont compris que Jésus cherchait à transmettre l'indicible. Le Tout dont il parle est l'être lui-même, l'énigme centrale que tentaient de résoudre les gnostiques.

Selon la tradition chrétienne, penser au mystère de Jésus est de la méditation : on s'attend que l'esprit creuse profondément le mystère jusqu'à ce que la vérité se révèle d'elle-même. Les évangiles gnostiques sont remplis d'énigmes et de déclarations mystiques. Je n'en ai cité que quelques exemples parce que la plupart de ces évangiles sont ultérieurs à Jésus.

Trésor éternel

> Jésus dit : « Le royaume du Père est comparable à un marchand qui possédait une cargaison de marchandises. Il trouva une perle. Le marchand était un sage : il vendit toute sa cargaison et acheta la perle. Vous aussi, préoccupez-vous du trésor non périssable. Celui qui demeure, là où la mite n'approche pas, là où le ver ne ronge pas. »
>
> (Thomas, 83)

Ce passage provient d'un évangile gnostique. La propension des gnostiques au mysticisme les a poussés à mettre l'accent sur un Dieu caché, secret, précieux et difficile à trouver. Dans un autre texte, Thomas compare le royaume de Dieu à un trésor caché dans un champ par un fermier ; il n'est perceptible par aucun sens et doit être recherché dans le domaine de l'intemporel.

Un mystère caché

> « Toutes choses m'ont été données par mon Père, et personne ne connaît qui est le Fils, si ce n'est le Père, ni qui est le Père, si ce n'est le Fils et celui à qui le Fils veut le révéler. »
>
> (Luc, 10, 22)

Les gnostiques ne s'éloignent pas des paroles de Jésus lorsqu'ils décrivent l'esprit comme un mystère caché. Les quatre Évangiles disent la même chose, comme en témoignent les paroles de Luc.

Le grain de sénevé

> Il leur proposa une autre parabole, et il dit : « Le royaume des cieux est semblable à un grain de sénevé qu'un homme a pris et semé dans son champ. C'est la plus petite de toutes les semences ; mais, quand il a poussé, il est plus grand que les légumes et devient un arbre, de sorte que les oiseaux du ciel viennent habiter dans ses branches. »
>
> (Matthieu, 13, 31-32)

Jésus se sert de cette comparaison avec le grain de sénevé parce que ce dernier est d'abord microscopique et qu'il devient ensuite très gros. Cela me rappelle un texte indien décrivant Brahma, ou l'Être suprême, comme étant « le plus grand des plus grands et le plus petit des plus petits ». Jésus est souvent décrit de la même manière.

Infini et intemporel

> « Je suis l'alpha et l'oméga, dit le Seigneur Dieu, celui qui est, qui était, et qui vient, le Tout-Puissant. »
>
> (Apocalypse, 1, 8)

Quelques générations après la mort de Jésus, le credo chrétien est devenu très puissant. La relation de Jésus avec Dieu a forcé les premiers chrétiens à réfléchir sur la nature divine afin de comprendre Jésus lui-même. Il en est de même dans les Révélations, où le Christ apparaît comme un esprit libre et pur, libéré du temps et de l'espace.

Maîtriser la dualité

> Jésus dit : « Si les deux font UN, vous serez Fils de l'homme. »
>
> (Thomas, 172)

Dans ce verset gnostique, Jésus parle explicitement de la nécessité de maîtriser la dualité. Mais à plusieurs reprises il s'adresse à ceux qui l'écoutent comme à des gens unifiés, alors qu'ils ne le sont pas. Dans un premier temps, Jésus voit son auditoire comme une lumière idéale, comme des enfants de Dieu. Dans un deuxième temps, il est plus réaliste. Un peu partout dans le Nouveau Testament, il oscille entre l'idéal et des considérations plus pratiques. Comme tout bon maître, il veut que ses disciples soient inspirés, mais sans perdre de vue leur vécu.

La contemplation

Plusieurs enseignements de Jésus portent sur la contemplation. La pensée chrétienne continue de méditer sur ses paraboles, ses déclarations et ses enseignements. Il est tout à fait naturel d'ajouter la contemplation à la méditation, car les deux concepts vont de pair. Les deux poussent celui qui cherche vers l'intérieur ; ils abordent Dieu sous l'angle de l'esprit. En méditation, l'esprit est immobile, tandis que dans la contemplation une idée ou une image se précise et acquiert un sens plus profond. Lorsque vous réfléchissez profondément à un enseignement spirituel, vous êtes face à face avec vous-même et avec votre vision du monde.

Et pourtant, Jésus n'est pas toujours contemplatif. Il prend des décisions. Lui présente-t-on un problème difficile ? Il propose rapidement une solution brève et efficace. Aucune difficulté ne le submerge, puisqu'il est le Messie. En comparaison, les docteurs de la loi du temple sont tout à fait perdus. Lorsque Jésus a parlé, ses paroles ne peuvent être remises en question.

C'est à partir des réponses de Jésus que les premiers chrétiens ont rédigé leurs articles de foi. Mais, de temps à autre, dans les Évangiles, Jésus pose lui-même les questions, laissant à ses disciples le soin d'y répondre. Il les attire vers la contemplation, et il réfléchit de son côté. Ainsi, il se penche sur son sort. Il sait quel sacrifice lui demande Dieu bien avant que les faits ne se produisent. L'imminence de sa mort devient le sujet de ses méditations les plus profondes, dont la plus célèbre est celle du jardin de Gethsémani, peu avant que Judas ne le livre aux Romains.

Cependant, Jésus n'exige pas que les êtres méditent sur la mort. Il leur demande plutôt de penser à Dieu et à la vie spirituelle. Il veut que leur esprit se tourne vers l'âme, là où la ligne entre la méditation et la contemplation se brouille. Il arrive que l'on entende des gens dire : « Je devrais méditer là-dessus. » Ce qu'ils veulent dire par là, c'est qu'une idée ou une situation réclame, de leur part, une plus grande réflexion. C'est ce que l'Église entend par méditation. On demande aux croyants de méditer sur la Crucifixion ou sur leurs propres péchés, sur la promesse du salut ou sur l'Esprit-Saint. Devrait-on parler plutôt de contemplation ? Sans doute, et nous ne devrions pas établir une trop grande distinction entre les deux. Dans la contemplation profonde, l'idée ou l'image de départ mène au silence.

Efforcez-vous de changer votre façon de lire les pages qui suivent. Plutôt que de vous attarder à une compréhension intellectuelle de la contemplation, j'aimerais que vous fassiez l'expérience de cette contemplation. La contemplation est un processus fascinant que chacun a besoin de vivre sur le chemin de la spiritualité, car elle permet l'expansion de l'esprit. La contemplation débute avec une pensée qui frappe ; à mesure que l'on y réfléchit, cette pensée s'élargit et s'approfondit. Ensuite, un sentiment émane de l'idée ou de la situation de départ. Par exemple, dans le cas de l'idée de l'amour de Dieu, c'est la sensation d'être aimé qui apparaît. Mais on découvre également de nouvelles sensations. Ainsi, en méditant sur la Crucifixion, vous ressentirez peut-être une sensation de chagrin, d'admiration, d'émerveillement ou de grande tristesse. Ou vous aurez tout simplement l'impression de participer à un événement mystérieux.

Quel que soit le sentiment ressenti, un changement se produira en vous si vous y adhérez assez longtemps. Par petites touches, ce sentiment deviendra impersonnel. Il ne sera plus rempli d'associations et de souvenirs personnels. Dites-vous que quelque chose s'est peut-être faufilé derrière le rideau de votre pensée – l'impression que vous êtes entré dans une réalité plus profonde. Ensuite, vous devinerez une présence indescriptible, mais que vous pourrez saisir. La tristesse pourra ainsi faire place à la joie, l'admiration à l'extase, l'émerveillement à une impression de légèreté ou de flottement. Ces changements annoncent l'approche de l'âme. Ils transforment une idée ordinaire en un sentiment rare et pur.

Ce processus est spontané, et il se produit à son propre rythme. En lisant les versets qui suivent, arrêtez-vous quelques instants pour y réfléchir, laissez votre esprit se promener là où il le veut. (Ne lisez pas plus d'un ou deux versets à la fois ; cherchez plutôt à apprivoiser l'effet de chacun d'eux.) N'essayez pas de forcer les mots, ni de rechercher un changement immédiat à l'intérieur de vous. Vous vous sentirez peut-être un peu inspiré, mais sans plus, ou peut-être pas, mais vous ressentirez quelque chose de différent. Quelle que soit la sensation, laissez les mots vous accompagner pendant un moment. Laissez-les couver, soyez patient. Le résultat se manifestera en temps et lieu.

J'ai choisi un éventail de déclarations de Jésus. Certaines sont belles, d'autres sont mystérieuses ou carrément inexplicables. Chacune d'elles, cependant, peut servir de porte d'entrée à cette réalité plus profonde dont parle constamment Jésus. J'aimerais souligner que chacune des paroles citées dans le présent ouvrage peut servir à la contemplation. (Les passages suivants étant destinés à servir à votre propre contemplation, je n'ai pas fait de commentaires.)

La miséricorde

« ... car [Dieu] est bon pour les ingrats et pour les méchants. Soyez donc miséricordieux, comme votre Père est miséricordieux. »

(Luc, 6, 35-36)

La charité

« Lors donc que tu fais l'aumône, ne sonne pas de la trompette devant toi, comme font les hypocrites dans les synagogues et dans les rues, afin d'être glorifiés par les hommes. Je vous le dis en vérité, ils reçoivent leur récompense. Mais quand tu fais l'aumône, que ta main gauche ne sache pas ce que fait ta droite, afin que ton aumône se fasse en secret ; et ton Père, qui voit dans le secret, te le rendra. »

(Matthieu, 6, 2-4)

La critique

« Pourquoi vois-tu la paille qui est dans l'œil de ton frère, et n'aperçois-tu pas la poutre qui est dans ton œil ? Ou comment peux-tu dire à ton frère : "Frère, laisse-moi ôter la paille qui est dans ton œil", toi qui ne vois pas la poutre qui est dans le tien ? Hypocrite, ôte premièrement la poutre de ton œil, et alors tu verras comment ôter la paille qui est dans l'œil de ton frère. »

(Luc, 6, 41-42)

Le bien et le mal

« Ce n'est pas un bon arbre qui porte du mauvais fruit, ni un mauvais arbre qui porte du bon fruit. Car chaque arbre se connaît à son fruit. On ne cueille pas des figues sur des épines, et l'on ne vendange pas des raisins sur des ronces. L'homme bon tire de bonnes choses du bon trésor de son cœur, et le méchant tire de mauvaises choses de son mauvais trésor ; car c'est de l'abondance du cœur que la bouche parle. »

(Luc, 6, 43-45)

La Providence

« C'est pourquoi je vous dis : Ne vous inquiétez pas pour votre vie de ce que vous mangerez, ni pour votre corps de quoi vous serez vêtus. La vie n'est-elle pas plus que la nourriture, et le corps plus que le vêtement ? Regardez les oiseaux du ciel : ils ne sèment ni ne moissonnent, et ils n'amassent rien dans des greniers ; et votre Père céleste les nourrit. Ne valez-vous pas beaucoup plus qu'eux ? »

(Matthieu, 6, 25-26)

Non seulement de pain

« Il est écrit : "L'homme ne vivra pas de pain seulement, mais de toute parole qui sort de la bouche de Dieu." »

(Matthieu, 4, 4)

Qu'est-ce qui est vrai ?

« C'est l'esprit qui vivifie ; la chair ne sert à rien. Les paroles que je vous ai dites sont esprit et vie. Mais il en est parmi vous quelques-uns qui ne croient point. »

(Jean, 6, 63-64)

Le soin de l'âme

Il dit aussi cette parabole : « Un homme avait un figuier planté dans sa vigne. Il vint pour y chercher un fruit, et il n'en trouva point. Alors, il dit au vigneron : "Voilà trois ans que je viens chercher un fruit à ce figuier, et je n'en trouve point. Coupe-le : pourquoi occupe-t-il la terre inutilement ?" Le vigneron lui répondit : "Seigneur, laisse-le encore cette année ; je creuserai tout autour, et j'y mettrai du fumier. Peut-être à l'avenir donnera-t-il du fruit ; sinon, tu le couperas." »

(Luc, 13, 6-9)

Aller vers Dieu

« Hâtez-vous de vous sauver, sans qu'on vous en prie. Mais préparez-vous vous-mêmes et, si c'est possible, devancez-moi, moi-même. »

(Évangile apocryphe de Jacques, 79)

Le matérialisme

Puis il leur dit : « Gardez-vous avec soin de toute avarice ; car la vie d'un homme ne dépend pas de ses biens, fût-il dans l'abondance. »

(Luc, 12, 15)

Recourir au pouvoir

« Guérissez les malades, ressuscitez les morts, purifiez les lépreux, chassez les démons. Vous avez reçu gratuitement, donnez gratuitement.

« Ne prenez ni or, ni argent, ni monnaie, dans vos ceintures ; ni sac pour le voyage, ni deux tuniques, ni souliers, ni bâton ; car l'ouvrier mérite sa nourriture. Dans quelque ville ou village que vous entriez, informez-vous s'il s'y trouve quelque homme digne de vous recevoir ; et demeurez chez lui jusqu'à ce que vous partiez. En entrant dans la maison, saluez-la ; et, si la maison en est digne, que votre paix vienne sur elle ; mais si elle n'en est pas digne, que votre paix retourne à vous. »

(Matthieu, 10, 8-13)

L'eau de la vie

« Quiconque boit de cette eau aura encore soif ; mais celui qui boira de l'eau que je lui donnerai n'aura jamais soif, et l'eau que je lui donnerai deviendra en lui une source d'eau qui jaillira jusque dans la vie éternelle. »

(Jean, 4, 13-14)

La voix de la vérité

Pilate lui dit : « Tu es donc roi ? » Jésus répondit : « Tu le dis, je suis roi. Je suis né et je suis venu dans le monde pour rendre témoignage à la vérité. Quiconque est de la vérité écoute ma voix. »

(Jean, 18, 37)

Vous ferez de grandes choses

« En vérité, en vérité, je vous le dis, celui qui croit en moi fera aussi les œuvres que je fais, et il en fera de plus grandes et tout ce que vous demanderez en mon nom, je le ferai. »

(Jean, 14, 12-14)

La prière

Tout au long des quatre Évangiles, Jésus s'adresse souvent nommément à son Père. Il dit à ses disciples qu'ils peuvent, eux aussi, demander des faveurs à Dieu, et que ce dernier exaucera leurs prières. Mais comme il est universellement reconnu que de nombreuses prières ne sont pas exaucées, les chrétiens sont perplexes. Faut-il comprendre les promesses de Jésus de façon littérale ? À l'évidence, Jésus considère la prière comme un levier puissant, et cela pour plusieurs raisons. Tout d'abord, elle permet aux gens ordinaires de dire à Dieu ce qu'ils pensent. Puis elle confirme que Dieu est le maître de l'Univers et qu'il régit le destin des êtres. Enfin, elle ouvre le cœur à l'adoration et à la gratitude et aide à remercier Dieu de sa bonté et des fruits qu'il accorde.

De nos jours, les chrétiens ont recours à la prière pour toutes ces raisons. Pourtant, à une époque où sévit le doute, il est difficile de croire qu'une prière puisse accomplir tout ce que promet Jésus. D'après lui, la prière ne connaît aucune limite. Que l'on s'adresse au Père ou au Fils, Jésus est formel : aucune demande ne sera refusée. La prière la plus célèbre de la Bible, le *Notre Père*, nous permet de demander à Dieu qu'il nous accorde la satisfaction de nos besoins vitaux (« notre pain quotidien »), une existence pure (« ne nous laissez pas succomber à la tentation »), la protection contre le danger (« délivrez-nous du mal »), et le grand pardon (« pardonnez-nous nos péchés »). Bref, le *Notre Père* demande à Dieu le Ciel sur la Terre. Que Dieu puisse l'accorder, cela semble idéaliste jusqu'à l'impossible. Notre monde a peut-être évolué depuis le Ier siècle, mais, sur le plan matériel, le *Notre Père* n'a pas encore livré le Ciel.

La connaissance est sans doute la seule chose qui puisse actualiser le *Notre Père*. Une personne qui connaît Dieu peut s'adresser au Père de la même façon que son Fils Jésus. Jésus nous présente plusieurs prières fort éloquentes, mais il ne nous parle de la mécanique de la prière qu'à de rares occasions. En revanche, dans les Évangiles, il revient maintes et maintes fois sur le thème « demandez et vous recevrez ». S'il a fait de même dans sa vie quotidienne, ses disciples lui ont sûrement fait remarquer que leurs nombreuses requêtes à Dieu ne se sont pas matérialisées. Jésus leur a sûrement répondu, mais il n'y a aucune trace de ses réponses dans les Saintes Écritures. Nous en sommes réduits à deviner celles qu'il a peut-être données à partir de son niveau de conscience.

La prière change à mesure que l'on avance sur le chemin de la spiritualité ; elle devient plus forte sur la base de la conscience. Dieu n'accorde pas et ne refuse pas les requêtes, non plus qu'il en accepte certaines et fait la sourde oreille à d'autres. Croire cela est une vue de l'esprit qui varie selon notre niveau de conscience. Ainsi, Jésus jette le blâme des prières inexaucées sur celui qui prie, et non sur Dieu. Plutôt que de se décourager, nous devons accepter cela comme une déclaration de fait.

La prière n'est pas de la magie, c'est de la conscience appliquée. À moins que vous n'ayez une intime relation avec l'esprit, vous ne pouvez pas vous attendre que Dieu réponde à toutes vos demandes. Jésus est bien conscient de cela, lui qui était à la source de la réalité et qui pouvait, dès lors, changer cette réalité. Plus vous êtes près de Dieu, plus votre force spirituelle est grande.

Prier pour être digne

> « Prenez garde à vous-mêmes, de crainte que vos cœurs ne s'appesantissent par les excès du manger et du boire, et par les soucis de la vie, et que ce jour ne vienne sur vous à l'improviste ; car il viendra comme un filet sur tous ceux qui habitent sur la face de toute la Terre. Veillez donc et priez en tout temps, afin que vous ayez la force d'échapper à toutes ces choses qui arriveront, et de paraître debout devant le Fils de l'homme. »
>
> (Luc, 21, 34-36)

Lorsqu'il parle de « toutes ces choses qui arriveront », Jésus entend l'arrivée du Ciel sur la Terre. Dans les Évangiles, il semble dire que cet événement apocalyptique est imminent, et les premiers chrétiens ont interprété ses paroles d'une façon littérale. De fait, nous ne savons pas pourquoi Jésus a fait une telle prédiction, ni même s'il l'a faite. En matière de spiritualité, le symbolisme et la littéralité se sont toujours entrechoqués.

Je crois que, dans ce message, Jésus indique à ses disciples une manière d'approcher l'esprit dans la vie quotidienne – soit une attitude à l'égard de leur propre croissance. « Être toujours alerte tout le temps » signifie être conscient de soi – ce qui se traduit dans le bouddhisme par « méditation ». Jésus va jusqu'à fournir des instructions détaillées sur cette démarche, que l'on pourrait résumer ainsi : sachez qui vous êtes vraiment, vivez pour être digne de Dieu, priez pour être relié à lui. Ce qui nous renvoie à la prière comme moyen de rester ouverts à tout ce qui a une importance sur le plan de la spiritualité.

L'intimité de la prière

> « Lorsque vous priez, ne soyez pas comme les hypocrites, qui aiment à prier debout dans les synagogues et aux coins des rues, pour être vus des hommes. Je vous le dis en vérité, ils reçoivent leur récompense. Mais quand tu pries, entre dans ta chambre, ferme ta porte, et prie ton Père qui est là dans le lieu secret ; et ton Père, qui voit dans le secret, te le rendra. »
>
> (Matthieu, 6, 5-6)

À certains égards, ce passage est limpide. Jésus nous informe que la prière doit être une communion intime avec Dieu, et non un spectacle public. Mais que veut dire au juste Jésus par : « prie ton Père qui est là dans le lieu secret » ? Ces paroles sont pour le moins ambiguës, dans la mesure où ceux qui les écoutent tiennent pour acquis que Dieu n'est pas secret. Ne se sont-ils pas rendus sur la place publique pour adorer un Dieu public ? Et pourtant, Jésus leur dit que Dieu est secret, autrement dit que l'on doit le chercher et que notre relation à Dieu a un aspect mystérieux.

La connaissance donnée aux innocents

> En ce temps-là, Jésus prit la parole et dit : « Je te loue, Père, Seigneur du Ciel et de la Terre, de ce que tu as caché ces choses aux sages et aux intelligents, et de ce que tu les as révélées aux enfants. Oui, Père, je te loue de ce que tu l'as voulu ainsi. »
>
> (Matthieu, 11, 25-26)

Souvent, Jésus laisse entendre que ce que Dieu veut nous communiquer ne passe pas par l'esprit sous forme de pensée. Ici, il l'affirme de façon explicite. Quel genre de connaissance Dieu cache-t-il aux sages et aux intelligents, et pourquoi Jésus loue-t-il Dieu parce qu'il fait cela ? La réponse simpliste serait de dire qu'il cherche à faire comprendre à ses disciples que Dieu leur est révélé uniquement par la foi. Plus précisément, il faut dire que l'esprit communique non pas par les mots, mais par l'expérience directe. Les enfants apprennent la vie en en faisant l'expérience ; or, les gens croient qu'ils peuvent connaître Dieu de seconde main, par la voie des autorités et des Saintes Écritures. Jésus souligne la nécessité d'être soi-même en présence de l'esprit, et d'être touché personnellement par lui.

Dieu sait tout

> « En priant, ne multipliez pas de vaines paroles, comme les païens, qui s'imaginent qu'à force de paroles ils seront exaucés. Ne leur ressemblez pas ; car votre Père sait de quoi vous avez besoin, avant que vous le lui demandiez. »
>
> (Matthieu, 6, 7-8)

Apparemment, Jésus demande à ses disciples d'être sincères dans leurs prières, de parler avec leur cœur plutôt que de faire du style. Or, Dieu sait déjà ce que nous voulons, alors pourquoi prier ? La question n'est pas nouvelle, et plusieurs réponses y ont été apportées. Dieu a besoin de savoir que vous sollicitez son aide. Il est bon de prier avec humilité, de s'incliner devant Dieu. Cela clarifie les idées de demander à Dieu, en détail, ce que l'on désire. Toutes ces réponses, et bien d'autres encore, permettent d'éviter la question centrale : pourquoi un Dieu omniscient a-t-il besoin qu'on lui dise tout ? Étant donné qu'il sait tout, Dieu devrait pouvoir régner sur le monde sans que l'homme ne lui donne un coup de pouce.

Je pense que Jésus estime que la prière est un processus de croissance intérieure. Il ne dit pas que l'on doit s'adresser à Dieu par la prière, mais que l'on doit se fier à lui implicitement. Si nous croyons que Jésus est un dispensateur de la connaissance, la prière est au service de ce but. Lorsque nous nous adressons à un Dieu omniscient, nous unissons notre conscience à la conscience pure. Le lien se raffermit au fur et à mesure que nous avançons sur la voie spirituelle.

Au départ, vous donnez de l'amour à Dieu parce que vous ressentez pour lui un amour authentique, ou parce que vous savez que vos prières doivent contenir de l'amour. Cependant, cet amour croîtra et décroîtra, comme dans toute relation, et révélera des secrets inattendus. La prière est une façon de préserver ce processus tout en suivant son évolution.

Dans une relation, on s'attend, lorsqu'on pose des questions, à avoir des réponses. Le silence affaiblit une relation ; le silence constant y met fin. La prière est aussi une façon de vérifier si Dieu est à l'écoute, si la sève coule encore dans la relation à l'esprit.

Prier avec ferveur

> « Tout ce que vous demanderez avec foi par la prière, vous le recevrez. »
>
> (Matthieu, 21, 22)

Voici sans doute l'expression la plus simple d'un enseignement que Jésus répète souvent. On doit avoir la foi. Une autre traduction de ce verset donne : « Crois que tu recevras. » Ainsi, depuis des siècles, la prière présente un aspect caché : l'épreuve de vérité en ce qui concerne la foi. Il est difficile de faire sa prière sans ressentir un peu de culpabilité et de doute. Ai-je suffisamment la foi ? Lorsque ma prière n'est pas exaucée, est-ce parce que j'ai commis une faute ? La qualité de la prière dépend de votre degré de conscience. Au plus bas échelon, l'on demande de l'aide. Au plus haut échelon, la prière est en tout point semblable à la pensée, en ce sens qu'elle donne des résultats. Entre les deux, il y a une foule de possibilités. Jésus sait très certainement cela, ce qui ne l'empêche pas de nous demander de croire que nos prières seront exaucées.

Cet enseignement est précieux à tous les niveaux de la conscience. Il faut présumer que Jésus nous dit la vérité, et que la prière est faite pour être exaucée. Si cela est vrai, il n'y a que deux possibilités : ou bien les choses se passent normalement et la prière est exaucée, ou bien on rencontre un obstacle ou de la résistance et la réponse ne vient pas. Les obstacles et la résistance font partie de la conscience et il importe de les évacuer. Plutôt que d'être un test de vérité concernant la foi, la prière nous indique que, sur le chemin de la spiritualité, nous devons ouvrir les canaux de la communication. Jésus nous offre son aide pour nous assurer que la communication ne sera jamais coupée, mais seulement bloquée de façon temporaire.

Le karma – ensemencement et récolte

Tandis que j'écrivais ce livre, ma plus grande surprise a été de découvrir tout ce que Jésus a dit à propos du karma. Le premier principe du karma nous indique que chaque action fonctionne comme une semence qui germe et donne des fruits. En fait, on n'associe pas Jésus à ce concept oriental, bien qu'il ait dit : « Vous récolterez ce que vous avez semé. » Tout ce qui manque à ces paroles, c'est le mot « karma ». Partout dans les quatre Évangiles, on nous dit que de chaque action découle une conséquence, ici ou dans l'au-delà.

Le karma est important sur le chemin de la spiritualité. Savoir pourquoi et comment on agit est au centre de toutes les religions. À l'époque de Jésus, les lois de Moïse considéraient certains actes comme des péchés. La liste était longue et, comme Dieu était irascible, éviter le péché n'était pas une mince affaire. Toute une hiérarchie de prêtres était nécessaire pour distinguer le bien du mal. Dans l'Ancien Testament, le Lévitique décrit des centaines de devoirs et d'innombrables règles auxquels doit se conformer le juif vertueux.

Jésus connaissait très bien la loi, et il incitait tout simplement les gens à l'observer. Parfois, cependant, il aurait bien voulu que ses disciples s'en libèrent, afin d'entrer directement en contact avec la raison, qui définit les bonnes et les mauvaises actions. Au lieu de laisser cette matière entre les mains des prêtres, dont il se méfiait grandement, ou à un code rigide, il faisait appel au cœur, à l'esprit et à l'âme de ses adeptes.

Ce type de liberté, qui consiste à définir soi-même ses propres actions, est nouveau et révolutionnaire. Il n'est pas étonnant que le Jésus des Évangiles se transforme de temps à autre en rabbin traditionnel. Toutefois, comme l'objectif du chemin de la spiritualité est la liberté, il est important de découvrir où Jésus place cette liberté. La loi du karma est contraignante, comme il l'a enseigné – chaque action donne un résultat qui a un poids moral –, mais Dieu possède la clé pour nous libérer de cette contrainte.

Jésus nous dit de quelle manière nos actions nous attirent la faveur de Dieu, autrement dit, comment nos actions font croître notre spiritualité. Jésus voulait que ses disciples évoluent afin d'atteindre la conscience du royaume de Dieu en eux. Jésus paraît souvent très formel, réduisant le karma à un simple évitement du péché et à l'obéissance à la loi, mais les Évangiles présentent de bonnes idées sur la façon de vivre sur le chemin de la spiritualité. On pourrait résumer la vision que Jésus avait du karma de la façon suivante :

Toute action donne un résultat.

Les bonnes actions donnent de bons résultats, les mauvaises, de mauvais résultats.

Chaque action est vue et soupesée ; rien ne peut être caché ni gardé secret.

Si vos actions sont bonnes, vous grandirez sur le plan spirituel.

À mesure que vous grandissez, vos pensées et vos désirs se manifestent dans le monde matériel ; le karma fonctionne alors plus rapidement et de façon plus consciente.

L'intention de Dieu est de faire en sorte que vos actions se révèlent très bonnes ; son principal souci est de vous conduire au royaume, où l'âme se libérera de la loi du karma.

La règle d'or

> « Lequel de vous donnera une pierre à son fils, s'il lui demande du pain ? Ou, s'il demande un poisson, lui donnera-t-il un serpent ? Si donc, méchants comme vous l'êtes, vous savez donner de bonnes choses à vos enfants, à combien plus forte raison votre Père qui est dans les cieux donnera-t-il de bonnes choses à ceux qui les lui demandent. Tout ce que vous voulez que les hommes fassent pour vous, faites-le de même pour eux. »
>
> (Matthieu, 7, 9-12)

Tout le monde connaît la règle d'or, mais ce passage est une formulation du karma, et non une façon de dire comment agir moralement envers nos semblables. Certes, Jésus pensait davantage à cette dernière partie : « traitez les autres comme vous voulez qu'on vous traite ». Il s'agit là d'une autre façon de dire : « aime ton prochain comme toi-même ». Cependant, Jésus laisse entendre une pensée plus profonde : lorsque vous observez la règle d'or, vous agissez comme Dieu. Traiter les autres comme nous voudrions que l'on nous traite est difficile, parce que les autres sont souvent des sources de misère, de chagrin et d'injustice. Jésus souligne que chacun ou chacune est le mal, à sa manière, car nous faisons tous le mal. Pourtant, Dieu donne avec abondance et amour. Il s'agit là d'une description convaincante de la manière dont nous agissons dans la connaissance de Dieu.

Lorsqu'on approfondit ce verset, on constate qu'il concerne la grâce. Le karma donne exactement ce que l'on mérite, ce que Dieu ne fait pas. Il donne sans tenir compte du bien et du mal, c'est un signe de sa bienveillance. Lorsqu'on examine la règle d'or, on se rend compte qu'elle nous enjoint à vivre selon la grâce et non en tenant compte de ce que les autres méritent.

Ne jugez point

> « Ne jugez point, afin que vous ne soyez point jugés. Car on vous jugera du jugement dont vous jugez, et l'on vous mesurera avec la mesure dont vous mesurez. »
>
> (Matthieu, 7, 1-2)

Lorsque Jésus incite ses disciples à avoir de l'indulgence envers leurs semblables et à ne juger personne, il avance deux bonnes raisons de le faire. Premièrement, toute personne a fait le mal à un moment ou à un autre de sa vie et, en conséquence, peut être jugée pour ses fautes (comme il est dit dans Jean, 8, 7, au moment où la foule s'apprête à lapider la femme adultère : « Que celui de vous qui n'a pas péché jette le premier la pierre contre elle »). La deuxième est de l'ordre du karma : si vous êtes sévère envers les autres, vos mauvaises actions seront jugées sévèrement, mais si vous êtes indulgent, on vous traitera avec indulgence.

Jésus croit que nos actions ne sont pas suivies de conséquences évidentes dans l'immédiat – ce qui est un élément-clé du karma. Si nos actions donnaient des résultats immédiats, il ne serait pas nécessaire qu'un juge divin les évalue plus tard. Quand serons-nous jugés ? Quel est le poids de chacune de nos mauvaises actions, selon qu'il s'agit d'une action grave ou légère ? Une bonne action peut-elle en effacer une mauvaise ? Jésus répond à ces questions sans équivoque : ne jugez pas ! Comme le moi peut difficilement s'empêcher de juger, Jésus souligne que le niveau acceptable de conscience se situe dans l'âme. En se dirigeant vers une connaissance supérieure, notre propension à juger du bien et du mal s'atténue. Nous n'avons plus besoin de blâmer. Nous cessons de juger en termes de péché et de punition. Cette démarche est en parfaite harmonie avec l'accent mis par le Christ sur l'amour et le pardon.

Donner la bonne quantité

« Soyez donc miséricordieux, comme votre Père est miséricordieux. Ne jugez point, et vous ne serez point jugés ; ne condamnez point, et vous ne serez point condamnés ; absolvez, et vous serez absous. »

(Luc, 6, 37-38)

Dans ses discours, Jésus a souvent recours à des comparaisons terre à terre. Ceux qui l'écoutent vont au marché chaque jour, et ils s'attendent que le marchand leur donne la quantité de céréales qu'ils désirent. Il leur est donc facile de comprendre les propos de Jésus, qui leur dit que si l'on donne la bonne quantité, on recevra la bonne quantité. La règle qui prévaut sur la place publique s'applique à Dieu. La générosité d'esprit est récompensée de la même manière.

Qui se ressemble s'assemble

« Dans quelque maison que vous entriez, dites d'abord : "Que la paix soit sur cette maison !" Et s'il se trouve là un enfant de paix, votre paix reposera sur lui ; sinon, elle reviendra à vous. »

(Luc, 10, 5-6)

D'une façon générale, les chrétiens traditionalistes n'acceptent pas que Jésus ait eu des idées orientales, des idées laissant de côté la possibilité que les vérités spirituelles ne soient pas limitées dans le temps et dans l'espace. Ici, Jésus déborde sur le karma en affirmant : qui se ressemble s'assemble. Notre capacité de comprendre un enseignement spirituel dépend de notre niveau de conscience.

Dieu vous attire vers moi

« Il est écrit dans les prophètes : "Ils seront tous enseignés de Dieu." Ainsi, quiconque a entendu le Père et a reçu son enseignement vient à moi. C'est que nul n'a vu le Père, sinon celui qui vient de Dieu ; celui-là a vu le Père. »

(Jean, 6, 45-46)

Dieu se fait connaître aux gens, et ces gens sont ensuite attirés vers lui parce sa vérité fait écho à tout ce qu'ils savent déjà. C'est l'illustration de l'un des principes du karma. Selon ce principe, qui se ressemble s'assemble.

Jésus ajoute que la connaissance complète de Dieu ne vient qu'à celui qui a vu Dieu, et qu'elle n'est possible que dans une union avec lui. Ce que les chrétiens fervents comprennent dans ce passage, c'est que le culte du Christ est sans doute un pas vers Dieu, mais que l'engagement dans la connaissance de Dieu est tout aussi fort. L'Esprit-Saint nous élève à son niveau : c'est ce que Jésus appelle « le passage de la mort à la vie ».

Donnez tout ce qui vous appartient

> « Ou quel roi, s'il va faire la guerre à un autre roi, ne s'assied d'abord pour examiner s'il peut, avec dix mille hommes, marcher à la rencontre de celui qui vient l'attaquer avec vingt mille ? S'il ne le peut, tandis que cet autre roi est encore loin, il lui envoie une ambassade pour demander la paix. Ainsi donc, quiconque d'entre vous ne renonce pas à tout ce qu'il possède ne peut être mon disciple. »
>
> (Luc, 14, 31-33)

Cela est l'un des passages où Jésus ordonne à ses disciples de se départir de leurs biens matériels. Comme il a béni les pauvres, il voudrait que ses disciples imitent les pauvres. Inutile de dire que ce commandement a créé un grand malaise au cours des siècles. C'est ce qui explique que les enseignements de Jésus semblent parfois si incompatibles avec la vie matérielle. Voulant suivre l'exemple de saint François d'Assise, certains chrétiens se sont départis de tous leurs biens et ont adopté cet enseignement, tandis que d'autres l'ont compris dans le sens d'une renonciation spirituelle plutôt que matérielle. En fin de compte, le compromis entre les deux est difficile.

J'ai choisi ce verset car il clarifie une foule de choses. Le roi, qui se prépare à la bataille mais se rend compte que son ennemi est deux fois plus fort que lui, se sert de son bon jugement en envoyant un représentant qui va l'aider à faire la paix. Chacun de nous peut voir venir sa mort, et nos ambitions terrestres peuvent alors être testées une fois pour toutes. Si nous anticipons ce moment, alors nous devons faire la paix avec Dieu. Il est plus sage de se tourner vers l'âme trop tôt que trop tard.

Vivre par l'épée

> Jésus lui dit : « Mon ami, ce que tu es venu faire, fais-le. » Alors, ces gens s'avancèrent, mirent la main sur Jésus et le saisirent. Et voici, un de ceux qui étaient avec Jésus étendit la main et tira son épée ; il frappa le serviteur du souverain sacrificateur et lui emporta l'oreille. Alors, Jésus lui dit : « Remets ton épée à sa place ; car tous ceux qui prendront l'épée périront par l'épée. Penses-tu que je ne puisse pas invoquer mon Père, qui me donnerait à l'instant plus de douze légions d'anges ? »
>
> (Matthieu, 26, 50-53)

Dans un certain sens, nous vivons tous par l'épée. Nous soutenons les armées et les polices parce qu'elles nous protègent. Nous croyons qu'il faut utiliser la force pour combattre la force. Jésus savait que cela se passait ainsi dans le monde, mais il affirmait que la violence faisait partie d'un cycle sans fin de vie et de mort. Il s'est détaché de ce cycle ; et il marche, avec les anges, aux côtés de Dieu. La Passion est remplie de symboles qu'il faut lire à la lumière d'une conscience supérieure, sans se contenter d'y voir la tragédie de la bonté suprême condamnée à mort. Toute la violence, dans la vie de Jésus, sert un enseignement supérieur, à savoir que l'on peut transcender la vie physique, même la plus cruelle.

Se libérer du karma

> « Car mon joug est doux, et mon fardeau, léger. »
>
> (Matthieu, 11, 30)

Jésus promet à ses disciples qu'il n'y aura pas de labeur au Ciel ; mieux, que le poids du karma n'existera plus dans la connaissance supérieure.

L'illusion du monde

Les guides spirituels ne s'opposent pas tous au matérialisme – à l'instar de Jésus qui s'opposait à ce matérialisme sous toutes ses formes. Il réprimandait les docteurs de la loi à cause de leur hypocrisie et de leur penchant pour les biens terrestres. Il méprisait les riches et les puissants et les considérait comme indignes de Dieu. Ses critiques prenaient tout leur sens lorsqu'il louait les gens les plus modestes, ainsi que les pauvres et les doux. Il n'y a aucune échappatoire. Si l'on se sent mal à l'aise dans notre attachement à l'argent, à nos biens et à notre statut social, c'est parce que le Jésus des Évangiles tenait à ce qu'il en soit ainsi.

Pourquoi ? Sans doute avait-il une grande aversion pour l'argent et le pouvoir. Lorsqu'il dit : « Rendez donc à César ce qui est à César, et à Dieu ce qui est à Dieu » (Matthieu 22, 21), Jésus se sépare du monde parce que ce monde n'a rien à voir avec sa mission spirituelle. Et pourtant, il semble se contredire quand il déclare : « Car on donnera à celui qui a, et il sera dans l'abondance » (Matthieu 13, 12).

Pour effacer ces contradictions, il faut se rappeler que Jésus a dit que le monde est illusion. Les biens matériels étant un rêve, il serait logique qu'on les méprise. Si Jésus fulmine contre la « duplicité des riches », c'est parce qu'ils trompent la conscience elle-même. L'esprit se détourne de ses objectifs spirituels lorsqu'il croit que l'argent, les biens matériels et un statut social élevé sont nécessaires. Jésus disait des biens qu'ils ne sont qu'une « consolation ». N'ayant pas reçu le grand prix, soit le royaume de Dieu, les gens doivent se rabattre sur le monde matériel – un prix de consolation.

La séparation entre l'illusion et la réalité ne se produit pas instantanément. Ce que nous percevons comme la réalité se transforme à diverses étapes de la conscience. Ceux qui décident de renoncer complètement au monde peuvent bondir directement vers cet objectif. Toutefois, même dans ces conditions, ils ne peuvent avoir l'assurance que leurs perceptions ont réellement changé. Des gens entrent dans des monastères parce que l'Église leur dit qu'on y vit saintement. Mais si leurs vieilles perceptions les accompagnent, le monastère les prendra dans le même piège que le monde matériel : l'ego.

Jésus espère que ses disciples vont entrer en communion avec Dieu. Selon lui, toute vie autre que celle-là baigne dans l'illusion. Le moi raffermit cette illusion parce que le « je, me, moi » est enraciné dans les affaires terrestres. La plus grande partie de votre temps doit être consacrée à la découverte de votre âme, et votre vie doit se construire autour de cette tâche. Vous serez alors le premier aux yeux de Dieu, même si vous êtes le dernier aux yeux des hommes.

Éviter le monde

> Et ses frères lui dirent : « Pars d'ici, et va en Judée, afin que tes disciples voient aussi les œuvres que tu fais. Personne n'agit en secret, lorsqu'il désire paraître. Si tu fais ces choses, montre-toi toi-même au monde. » (Car ses frères non plus ne croyaient pas en lui.) Jésus leur dit : « Mon temps n'est pas encore venu, mais votre temps est toujours prêt. Le monde ne peut vous haïr ; moi, il me hait, parce que je rends de lui le témoignage que ses œuvres sont mauvaises. »
>
> (Jean, 7, 3-7)

C'est l'une des plus virulentes dénonciations de Jésus concernant ce monde. Dans ce verset, il explique qu'il refuse de se rendre à Jérusalem pour assister à une fête juive parce qu'il sait que ceux qui veulent le tuer feront partie des convives. Le mal qui sévit dans le monde terrestre est un sujet qui revient souvent dans ses paroles ; il le compare à la bonté qui règne dans le monde de Dieu. Nous devons garder à l'esprit qu'il s'adresse à des sceptiques qui croient profondément au monde matériel. Jésus a raison d'employer des termes forts pour les faire sortir de leurs croyances.

La fausseté de la vie

> « Ne croyez pas que je sois venu apporter la paix sur la Terre ; je ne suis pas venu apporter la paix, mais l'épée. Car je suis venu mettre la division entre l'homme et son père, entre la fille et sa mère, entre la belle-fille et sa belle-mère ; et l'homme aura pour ennemis les gens de sa maison. Celui qui aime son père ou sa mère plus que moi n'est pas digne de moi, et celui qui aime son fils ou sa fille plus que moi n'est

pas digne de moi ; celui qui ne prend pas sa croix et ne me suit pas n'est pas digne de moi. Celui qui conservera sa vie la perdra, et celui qui perdra sa vie à cause de moi la retrouvera. »

(Matthieu, 10, 34-39)

Jésus nous définit l'aspect le plus prisé de la vie matérielle comme faux. Il est peut-être facile de se ranger du côté de Jésus contre les riches et les puissants, mais ici, il s'en prend à la famille elle-même ! À ses yeux, même cet aspect de la vie matérielle n'est pas méritoire, surtout si on compare cette vie à celle qui se présente sur le chemin de la spiritualité. (Les « valeurs familiales » en prennent un coup !)

Voir la vérité

« Personne n'allume une lampe pour la mettre dans un lieu caché ou sous le boisseau, mais on la met sur le chandelier, afin que ceux qui entrent voient la lumière. Ton œil est la lampe de ton corps. Lorsque ton œil est en bon état, tout ton corps est éclairé ; mais lorsque ton œil est en mauvais état, ton corps est dans les ténèbres. Prends donc garde que la lumière qui est en toi ne soit ténèbres. Si donc tout ton corps est éclairé, n'ayant aucune partie dans les ténèbres, il sera entièrement éclairé, comme lorsque la lampe t'éclaire de sa lumière. »

(Luc, 11, 33-35)

Ce passage parle de perception. Si vous pouvez voir la lumière à l'intérieur de vous, sa plénitude vous emplira. Mais si vous ne la voyez pas, vous n'aurez rien. La réalité que vous trouverez à l'intérieur de vous-même dépend de votre volonté. La lumière se veut la réalité de Dieu ; l'obscurité, l'absence de Dieu. Comme toujours, Jésus incite ses auditeurs à rechercher la lumière.

S'associer à la source

> « Je suis le vrai cep, et mon Père est le vigneron. Tout sarment qui est en moi et qui ne porte pas de fruit, il le retranche ; et tout sarment qui porte fruit, il l'émonde, afin qu'il porte encore plus de fruits. Déjà vous êtes purs, à cause de la parole que je vous ai annoncée. Demeurez en moi, et je demeurerai en vous. Comme le sarment ne peut de lui-même porter du fruit s'il ne demeure attaché au cep, ainsi vous ne le pouvez non plus si vous ne demeurez en moi. Je suis le cep, vous êtes les sarments. Celui qui demeure en moi et en qui je demeure porte beaucoup de fruits, car sans moi vous ne pouvez rien faire. »
>
> (Jean, 15, 1-5)

Jésus veut partager son union à Dieu. C'est pourquoi il emploie souvent l'expression « demeurez avec moi ». Cette parabole de la vigne (c'est l'une des rares fois où Jean cite une parabole) s'étend sur ce point. Jésus y dit qu'il est stérile de se couper de Dieu. La sève qui nourrit la vigne et lui donne des fruits, c'est Dieu, la source de la vie. Notre engagement est la seule forme de vie qui échappe à la mort et qui nous rattache de nouveau à la source ultime.

L'esprit est éternel

> « Instruisez-vous par une comparaison tirée du figuier. Dès que ses branches deviennent tendres, et que les feuilles poussent, vous reconnaissez que l'été est proche. De même, quand vous verrez toutes ces choses, sachez que le Fils de l'homme est proche, à la porte. Je vous le dis en vérité, cette génération ne passera point, que tout cela n'arrive. Le Ciel et la Terre passeront, mais mes paroles ne passeront point. »
>
> (Matthieu, 24, 32-35)

C'est l'un des nombreux passages où Jésus déclare à ses disciples que la rédemption doit être atteinte, de toute urgence. Tout comme les premiers bourgeons du figuier annoncent déjà la chaleur de l'été, l'imminence de Dieu préfigure un monde nouveau. Mais en tant que prophétie littérale, cette dernière était caduque. Jésus se voyait peut-être comme l'annonciateur de Dieu sur Terre, mais la bonne chaleur de l'été n'était pas encore arrivée. Toutefois, la plus grande urgence doit consister à trouver la réalité éternelle plutôt qu'à focaliser son attention sur le monde éphémère. Jésus presse ses disciples à s'engager promptement sur le chemin de la spiritualité. Ainsi, ils sortiront de l'illusoire.

Aimer ou perdre la vie ?

> « Celui qui aime sa vie la perdra, et celui qui hait sa vie dans ce monde la conservera pour la vie éternelle. »
>
> (Jean, 12, 35)

Ici, Jésus se montre particulièrement intransigeant. La dichotomie entre la vie et la mort est aussi tranchante que la pointe d'un couteau. Mais j'ai tendance à ne voir que de la rhétorique dans ces paroles absolutistes. Pourtant, Jésus tente de secouer ceux qui l'écoutent en leur faisant comprendre que leurs valeurs ne sont pas à la bonne place : l'attachement terrestre mène à la mort ; le réveil spirituel mène à la liberté et à la vie éternelle.

D'où je viens

> Jésus leur répondit : « Quoique je rende témoignage de moi-même, mon témoignage est vrai, car je sais d'où je suis venu et où je vais ; mais vous, vous ne savez d'où je viens ni où je vais. Vous jugez selon la chair ; moi, je ne juge personne. »
>
> (Jean, 8, 14-15)

Jésus se défend devant les docteurs de la loi, qui s'objectent quand il dit être le Messie.

Voir et croire

> Jésus lui a dit : « Parce que tu m'as vu, tu as cru. Heureux ceux qui n'ont pas vu, et qui ont cru ! »
>
> (Jean, 20, 29)

Ce passage en dit long sur l'époque où nous vivons, où le fondamentalisme et la recherche biblique ont uni leurs forces afin de découvrir l'existence de Jésus. On cherche des tombes, des archives et des fragments archéologiques, ce qui contrevient aux paroles du Christ. En effet, il nous dit de ne pas être déçus si nous ne trouvons jamais l'homme en chair et en os ; et il ajoute qu'il est préférable de trouver Jésus à l'intérieur de nous-mêmes, grâce à des recherches personnelles.

Dieu est tout

> « Celui qui connaît le Tout, s'il est privé de lui-même, il est privé de tout. »
>
> (Thomas, 152)

Les gnostiques ont récupéré l'antimatérialisme de Jésus et l'ont poussé à l'extrême. Dans un verset lapidaire, l'auteur de l'évangile de Thomas affirme que, si l'on n'a pas compris que Dieu est tout ce qui existe, on n'a rien appris. Le verset 148 est tout aussi clair : « Celui qui connaît le monde découvre le corps. »

L'union

C'est lorsqu'il nous parle de lui-même que Jésus nous livre ses idées les plus profondes sur la connaissance de Dieu. Deux mille ans plus tard, nous pouvons encore imaginer et ressentir la surprise et l'incrédulité de son auditoire. Le Fils de Dieu est fait de la même chair qu'une personne ordinaire. Seuls les habitués des idées supérieures reconnaissent sa véritable nature. Pour tous les autres, surtout les riches et les puissants, il est un escroc, ou représente un danger. Le débat n'est pas encore clos. Les sceptiques continuent de remettre en question la prétention de Jésus à se voir comme le Messie ; et même les chrétiens fidèles entretiennent des doutes au sujet de ses déclarations selon lesquelles il a sauvé le monde du péché.

Ces images positives ou négatives ne réussissent pas à capter la nature de Jésus, c'est-à-dire son union complète avec Dieu. Essentiellement, Jésus reste un mystère. C'est le message qu'il transmet à son auditoire : à savoir qu'être humain *est* un mystère. Si nous dressons la liste des propos les plus importants que le Jésus mystique a livrés à son propre sujet, nous voyons d'un tout autre œil ce Messie qui conquiert à la fois le péché et les Romains.

Ce Jésus mystique décrit sa nature et la nôtre en même temps. Notre nature est une parcelle de Dieu, cette âme qui ne se sépare jamais de nous.

La nature prend ses distances avec le monde matériel et ses préoccupations.

Elle se tourne vers Dieu pour tous ses besoins.
Elle agit spontanément, sans plans définis.
Elle se considère comme intemporelle.
Elle ressent de la compassion pour la souffrance et veut y mettre fin.
Elle perçoit que la souffrance commence avec la connaissance et qu'une connaissance supérieure peut y mettre fin.

En se décrivant, Jésus décrit son essence, qui est votre source et la mienne. Nous devrions écouter ses paroles, qui sont notre propre voix intérieure. Jésus nous lance le défi de vivre selon notre essence, ainsi qu'il l'a fait.

Je suis l'Esprit

Et il leur dit : « Vous êtes d'en bas ; moi, je suis d'en haut. Vous êtes de ce monde ; moi, je ne suis pas de ce monde. »

(Jean, 8, 23)

Jésus affirme qu'il est, essentiellement, un être spirituel, ce qui le place au-delà de l'entendement ordinaire. Autrement dit, la connaissance supérieure ne peut se relier aisément à la conscience ordinaire. Il y a un vide à remplir entre les deux.

Je suis éternel

Jésus leur dit : « En vérité, en vérité, je vous le dis, avant qu'Abraham fût, je suis. »

(Jean, 8, 58)

Étant donné que le judaïsme est issu d'Abraham, Jésus dit non seulement qu'il a existé avant son incarnation, mais aussi qu'il était là avant son fondateur. Cela veut dire que la vérité surpasse les aînés des aînés. En somme, l'esprit surpasse toute religion organisée.

Mon but est d'accomplir

« Ne croyez pas que je sois venu pour abolir la loi ou les prophètes ; je suis venu non pour abolir, mais pour accomplir. »

(Matthieu, 5, 17)

Jésus veut rassurer. Il dit qu'il n'est pas venu pour changer les façons de vivre, mais c'est précisément ce qu'il fait. C'est pourquoi, en d'autres occasions, il remet en cause les croyances juives et qualifie la caste des docteurs de la loi de « malhonnête ».

J'apporte la liberté

« L'Esprit du Seigneur est sur moi, parce qu'il m'a oint pour annoncer une bonne nouvelle aux pauvres ; il m'a envoyé pour guérir ceux qui ont le cœur brisé, pour proclamer aux captifs la délivrance, et aux aveugles le recouvrement de la vue, pour renvoyer libres les opprimés, pour publier une année de grâce du Seigneur. »

(Luc, 4, 18-19)

Voici une affirmation claire du rôle du Messie annoncé dans l'Ancien Testament. C'est également une description éclatante de la vie de l'esprit, qui nous libère de nos perceptions aveugles à l'égard de ce que nous sommes vraiment.

Travailler dans la lumière

« Pendant que je suis dans le monde, je suis la lumière du monde. »

(Jean, 9, 5)

Cela donne du poids à l'une des paroles les plus connues de Jésus. Il dit à ses disciples de se concentrer sur son travail ; car, tant et aussi longtemps qu'il sera avec eux, il battra le fer pendant qu'il est chaud.

Je serai avec vous en esprit

« Car là où deux ou trois sont assemblés en mon nom, je suis au milieu d'eux. »

(Matthieu, 18, 20)

On fait appel à l'esprit de Jésus chaque fois que des gens se réunissent en son nom ; mais Jésus, lui, offre aussi le test de la vérité. Ses disciples veulent savoir comment combattre accusations et contestations ; Jésus leur suggère d'aller voir leurs accusateurs, en groupes de deux ou trois, et d'essayer de leur faire comprendre la vérité.

Je suis insaisissable

> « Souvent vous avez désiré entendre les paroles que je vous dis maintenant. Nul autre ne pourra vous les dire, et il y aura des jours où vous me chercherez et où vous ne me trouverez pas. »
>
> (Thomas, 73)

Les quatre Évangiles répètent que Jésus est venu pour sauver le monde et qu'il sera toujours présent. Les gnostiques, plus réalistes, font remarquer que Jésus peut être aussi insaisissable que l'âme.

Le sens caché

> « Je vous donnerai ce que l'œil n'a pas vu, ce que l'oreille n'a pas entendu, ce que la main n'a pas touché, ce qui n'est pas monté au cœur de l'homme. »
>
> (Thomas, 69)

Les gnostiques penchent vers un mysticisme extrême, souvent énigmatique. Sont-ils guidés par l'esprit de contradiction ? Peut-être sont-ils tout simplement réalistes. D'après eux, Jésus existe dans un état de conscience supérieur qui va au-delà des cinq sens et de la pensée. Ce passage est une affirmation de la connaissance de Dieu et non une tentative de mystification gratuite.

J'ai tous les pouvoirs

> Jésus, s'étant approché, leur parla ainsi : « Tout pouvoir m'a été donné dans le Ciel et sur la Terre. »
>
> (Matthieu, 28, 18)

Jésus fait cette affirmation après être ressuscité d'entre les morts, lorsqu'il apparaît à ses disciples sur une montagne de Galilée. Il dit cela dans un contexte de révélation. Il avait promis de rejoindre la puissance de Dieu après sa mort et il l'a fait : il est maintenant esprit et non plus un être de chair et de sang. Le sens plus profond de cette parole est le suivant : l'esprit a tout pouvoir sur le monde matériel, de même que sur son propre domaine.

Je suis à votre service

« Car quel est le plus grand, celui qui est à table, ou celui qui sert ? N'est-ce pas celui qui est à table ? Et moi, cependant, je suis au milieu de vous comme celui qui sert. »

(Luc, 22, 27)

Jésus fait cette déclaration au moment où ses disciples se demandent qui les guidera après son départ. Comme il le fait souvent, il leur dit que le guide doit être au service des autres. Parlant ici au nom de l'esprit, il nous rappelle que l'âme existe pour servir.

Le sauveur de l'humanité

« Car Dieu a tant aimé le monde qu'il a donné son Fils unique afin que quiconque croit en lui ne périsse point, mais qu'il ait la vie éternelle. Dieu, en effet, n'a pas envoyé son Fils dans le monde pour qu'il juge le monde, mais pour que le monde soit sauvé par lui. »

(Jean, 3, 16-17)

Jésus parle plus de lui-même dans l'Évangile de Jean que dans tout autre Évangile. On a l'impression que l'auteur de ce texte cherche à confirmer l'existence de Jésus de façon incontestable. La résurrection est loin dans l'esprit des gens, et les Romains ont détruit le temple de Jérusalem. Dans ce passage bien connu, Jésus renforce son identité divine dans des termes forts et éloquents. La connaissance supérieure nous épargne la mort, et ce don nous vient d'un Dieu aimant.

Je suis la voie

Jésus lui dit : « Je suis la voie, la vérité et la vie. Nul ne vient au Père que par moi. Si vous me connaissiez, vous connaîtriez aussi mon Père. Et dès maintenant vous le connaissez, et vous l'avez vu. »

(Jean, 14, 6-7)

Si l'on fait abstraction de l'aspect doctrinal de l'Église, Jésus dit en substance : « Si vous cherchiez, ne cherchez plus. C'est ce à quoi ressemble l'esprit quand vous le découvrez. » En d'autres mots, en étant un exemple vivant, Jésus incarne la connaissance de Dieu de façon terre à terre.

J'agis selon la volonté de Dieu

> Et Jésus, enseignant dans le temple, s'écria : « Vous me connaissez, et vous savez d'où je suis ! Je ne suis pas venu de moi-même, mais celui qui m'a envoyé est vrai, et vous ne le connaissez pas. Moi, je le connais ; car je viens de lui, et c'est lui qui m'a envoyé. »
>
> (Jean, 7, 28-29)

Jésus n'agit pas seul, il transmet la volonté de Dieu. Il n'est pas un être comme nous. Il n'a pas d'individualité. Sa volonté et sa raison d'être appartiennent à Dieu. Dans le *Notre Père*, les paroles : « que votre volonté soit faite sur la Terre comme au Ciel » définissent bien sa propre expérience. Dans la connaissance de Dieu, le moi limité se fonde dans un moi cosmique.

Je suis Dieu en action

> Jésus reprit donc la parole et leur dit : « En vérité, en vérité, je vous le dis, le Fils ne peut rien faire de lui-même, il ne fait que ce qu'il voit faire au Père ; et tout ce que le Père fait, le Fils aussi le fait pareillement. Car le Père aime le Fils, et lui montre tout ce qu'il fait ; et il lui montrera des œuvres plus grandes que celles-ci, afin que vous soyez dans l'étonnement. Car, comme le Père ressuscite les morts et donne la vie, ainsi le Fils donne la vie à qui il veut. »
>
> (Jean, 5, 19-21)

Il est question ici d'abandon. À un certain degré de conscience, nous nous donnons entièrement à Dieu. Nos actions ne viennent plus de nous-mêmes, elles proviennent d'une source divine. Dans la connaissance de Dieu, nous continuons de penser et d'agir, mais il ne semble plus que ce soit le « je » qui agisse. Dieu permet que tout passe par nous-mêmes. Ce thème trouve écho dans : « car je suis descendu du Ciel pour faire, non ma volonté, mais la volonté de celui qui m'a envoyé » (Jean 6, 38).

Prenez exemple sur mon humilité

« Vous m'appelez Maître et Seigneur ; et vous dites bien, car je le suis. Si donc je vous ai lavé les pieds, moi, le Seigneur et le Maître, vous devez aussi vous laver les pieds les uns aux autres ; car je vous ai donné un exemple, afin que vous fassiez comme je vous ai fait. »

(Jean, 13, 13-15)

Jésus aborde souvent l'humilité, et de plusieurs manières. Ici, il se donne en exemple. Ce texte signifie que l'esprit existe pour servir et que, puisque nous sommes entièrement esprit, notre vie devrait être consacrée à ce service. Le moi voit une menace dans cet enseignement, étant donné que son but est de se suffire à lui-même. La vérité, c'est que rien n'existe, sauf l'esprit qui agit sur lui-même. En conséquence, lorsqu'on sert les autres, on devient serviteur et maître de soi-même.

Dites-moi qui je suis

Jésus dit à ses disciples : « À qui me comparez-vous ? Dites-moi à qui je ressemble ? » Simon Pierre lui dit : « Tu ressembles à un ange juste. » Matthieu lui dit : « Tu ressembles à un sage philosophe. » Thomas lui dit : « Maître, ma bouche n'acceptera pas de dire à qui tu ressembles. » Jésus lui dit : « Je ne suis plus ton Maître puisque tu as bu et que tu t'es enivré à la source bouillonnante d'où moi-même je jaillis... »

(Thomas, 67)

Contrairement à l'auteur de l'Évangile de Jean qui se donne beaucoup de mal pour souligner l'autorité de Jésus, les gnostiques vont en sens opposé. Ce passage est à l'image de leur scepticisme envers toute autorité. Ce qui est ironique, dans tout cela, c'est que Jésus se sert de son autorité pour la renier. Mais c'est là une énigme gnostique, à savoir : comment suivre un maître qui ne veut pas que ses disciples suivent qui que ce soit ?

QUI EST LE « VRAI » JÉSUS ?

La recherche du « vrai » Jésus est aussi obsédante aujourd'hui que par le passé. Au Moyen Âge, des pèlerins se lançaient dans de longs et périlleux voyages pour voir un morceau de la vraie Croix, ou la lance qui a percé le flanc de Jésus lors de la Crucifixion. Ils ont construit des cathédrales sur les lieux de ces prétendues reliques. Ils ont retrouvé la mâchoire de saint Jean-Baptiste à plusieurs endroits – chacun prétendant détenir l'objet authentique. Parmi les reliques existant encore de nos jours et attirant les foules, le suaire de Turin est le plus célèbre. L'envie de voir un objet physique ayant appartenu au Christ reste plus vivace que jamais.

Il n'y a pas si longtemps, James Cameron, réalisateur du film *Titanic*, prétendait avoir trouvé un élément beaucoup plus sensationnel que l'épave d'un paquebot luxueux : le lieu de sépulture de Jésus et de sa famille. Bien que sa preuve n'ait pas reçu l'aval de la majorité des spécialistes de la Bible, tous les médias se sont rué vers le tombeau de pierre contenant les ossements de Marie et de Joseph. Quelques semaines plus tard, une autre nouvelle tombait : on venait de découvrir la tombe du roi Hérode. Comme toujours, l'excitation autour de ces découvertes partait d'un désir de faire la preuve de l'existence de Jésus.

Or, nos raisons ne sont pas nécessairement les mêmes qu'au Moyen Âge. Le pèlerin d'alors croyait fermement que Jésus existait, et les reliques sacrées des cathédrales lui procuraient le sentiment d'une sainte présence. Le fait de se trouver devant ces reliques le rapprochait de Dieu. De nos jours, les gens sont plus formalistes. Le scepticisme exige des preuves qu'un rabbin errant a vraiment prêché dans le nord de la Galilée, il y a deux mille ans. Mais nous n'aurons jamais ces preuves, et il nous faut aborder de front le mythe d'un Jésus réel, non pas dans le but de faire éclater une idée tenace, mais pour nous assurer que le Jésus de notre choix est plus proche de nous que celui qui dispensait ses enseignements. Un Jésus qui nous enseigne comment atteindre la connaissance de Dieu est plus authentique que tout autre. Et il n'existe aucun élément prouvant l'existence du Jésus que la tradition ordonne aux gens d'adorer.

Découvrir la réalité est fort difficile, dans la mesure où la recherche du vrai Jésus est devenue une industrie qui sert à alimenter les espoirs des croyants. À l'évidence, il s'agit d'un sujet épineux. Les avis, à ce sujet, sont légion.

1. **L'argument littéral** – Le vrai Jésus se trouve dans les Évangiles. Il n'y a pas lieu de regarder plus loin.
2. **L'argument rationnel** – Les faits entourant Jésus ont fini par disparaître, petit à petit. Les Évangiles constituent des preuves peu fiables de l'existence d'une personne réelle.
3. **L'argument mystique** – Le vrai Jésus n'a jamais été une personne physique. Jésus est l'Esprit-Saint.
4. **L'argument sceptique** – Tout d'abord, il n'y a pas de vrai Jésus : il est le produit de l'imagination des théologiens.
5. **L'argument de la connaissance** – Jésus existe dans notre conscience au niveau de la connaissance de Dieu.

En ce qui me concerne, je crois fermement à ce dernier argument. Je pense que non seulement Jésus a véritablement existé, mais qu'il est sans doute le personnage le plus important de l'histoire occidentale. En revanche, comme il se montre très déroutant et passablement contradictoire dans les quatre Évangiles, je crois que nous devons chercher davantage afin de créer une version qui réponde à l'essence de son enseignement.

Il ne fait aucun doute qu'un grand nombre de chrétiens sont déconcertés, voire offensés, par ce scepticisme devant leur image de Jésus. Examinons les différents arguments. Voyons les « pour » et les « contre ».

L'argument littéral – Le vrai Jésus se trouve dans les Évangiles. Il n'y a pas lieu de regarder plus loin.

Pour – Il semble que cette position soit la plus simple et la plus logique qu'un chrétien fervent puisse adopter. Traditionnellement, l'Église a toujours considéré les Saintes Écritures comme des faits réels. Les récits de Matthieu, Marc et Luc se complètent les uns les autres et coïncident sur presque tout ce que Jésus a dit et fait (l'Évangile de Jean est un cas à part). De plus, si les Évangiles ne présentaient pas le vrai Jésus en chair et en sang, quel autre document pourrait se prétendre plus authentique ? Les Saintes Écritures sont la meilleure preuve existante.

Contre – Lorsqu'on croit, comme les fondamentalistes, que les Évangiles ont été révélés par Dieu, il n'y a pas d'autre position possible. Au cours des deux derniers millénaires, l'Église n'a jamais ressenti le besoin de remettre un seul fait en question. Toutefois, la notion même de ce que nous considérons comme vrai a peu à peu évolué. La science a ébranlé la foi aveugle, et cela depuis longtemps. Nous vivons à une époque où le doute est un point de départ. Les sceptiques pressent les spécialistes de la Bible à faire des recherches concrètes, ce que les Évangiles n'ont manifestement pas réussi à faire. Les Évangiles n'ont rien prouvé.

D'un point de vue émotif, cependant, tout est différent : nous savons tous qu'un sentiment de littéralité a pris d'assaut le christianisme. Quelques pressions sur la télécommande, un dimanche matin, et nous voyons des douzaines de télévangélistes parler des Saintes Écritures comme de vérités incontestables et menacer de sévir contre le scepticisme par le feu et le soufre. En conséquence, nous devons prendre soin de démontrer pourquoi la littéralité reste sur un terrain glissant. Heureusement, il est bon de souligner le courage de chrétiens libéraux qui en ont assez d'être malmenés.

Voici quelques faits :

Les Évangiles ont été écrits par des scribes anonymes. C'est la tradition qui fait de Matthieu, Marc, Luc et Jean les auteurs de ces textes. Aucune preuve historique ne démontre qu'ils ont rédigé quoi que ce soit ; et nous ne connaissons pas la nature de leur relation avec le Christ vivant. Ces croyances procèdent elles aussi de la tradition.

Il est possible que des scribes anonymes aient modifié les textes originaux du Nouveau Testament avant qu'une version définitive ne soit retenue, entre le IIIe et le IVe siècle de notre ère. Il n'y a aucune méthode permettant de déterminer le moment où un verset a fait son entrée dans un Évangile, ni quelle était sa formulation originale.

Quels que soient les auteurs de ces récits, ils ne s'entendent pas sur la chronologie des événements. Par exemple, nous ne savons pas si Jésus a enseigné pendant trois ans, comme le dit la tradition, ou pendant dix-huit mois. Nous ne savons pas s'il allait à Jérusalem les jours saints, ou s'il n'y est allé qu'une seule fois à l'occasion de la Pâque – avant d'être arrêté et crucifié.

Il y a certaines paroles attribuées à Jésus que personne n'a entendues, par exemple lors de la scène au jardin de Gethsémani, lorsqu'il demande que l'on éloigne de lui le calice, symbole de sa mort imminente sur la Croix. C'est dans ce passage que l'on peut lire que ses disciples dormaient. En conséquence, personne ne pouvait l'entendre ! Jésus ayant été arrêté immédiatement après, il n'a même pas eu le temps de répéter ces paroles. En outre, les quatre Évangiles contiennent de nombreuses lacunes. Nous sommes loin d'une biographie exhaustive. Comme nous l'avons vu plus tôt, sauf pour un seul événement à Jérusalem à l'âge de douze ans, les Évangiles ne disent rien de la vie de Jésus entre sa naissance et son apparition soudaine près du Jourdain, où Jean-Baptiste l'a baptisé lorsqu'il avait trente ans.

De même, la psychologie du Jésus des Évangiles est sommaire. Par exemple, il ne rit ni ne sourit jamais. Il faut attendre des versions ultérieures pour en apprendre un peu plus sur ses frères et sœurs. Lui-même ne mentionne que rarement des épisodes de sa vie. Il ne parle pas de sa naissance à Bethléem, ni des événements miraculeux qui l'ont entourée. Il ne dit pas s'il est célibataire ou marié. Ses douze disciples, eux, sont mariés et, la plupart du temps, ils sont accompagnés de leurs femmes. Et pourtant, personne, et encore moins Jésus lui-même, ne révèle s'il est marié ou non. (Ces lacunes sont tellement flagrantes qu'elles ont ouvert la voie à de nouveaux mythes, comme celui du mariage de Marie Madeleine et Jésus. À la lumière de la popularité mondiale du livre *Da Vinci Code*, il apparaît que de nombreux chrétiens n'ont pas hésité à nier l'authenticité du Nouveau Testament !)

Les auteurs des Évangiles ne cherchent pas à raconter des faits réels, mais bien à convertir les incroyants et à conforter leur propre croyance dans le Messie. À cette fin, ils ont exagéré des événements, inventé des miracles et mis des mots dans la bouche de Jésus. (Ainsi, Jésus cite souvent l'Ancien Testament à propos des prophéties annonçant la venue du Messie. S'agit-il de la façon dont le vrai Messie s'exprimait, ou de la manière avec laquelle un Messie doit parler s'il veut convertir ?)

Il existe d'autres documents, contemporains des Évangiles, qui se proclament authentiques. Ce sont les prétendus évangiles gnostiques, comme celui de Thomas. Ces évangiles ont été bannis par l'Église après l'an 313 de notre ère, à l'époque où l'empereur Constantin a embrassé le christianisme, mettant ainsi fin aux persécutions des croyants, mais sonnant les débuts d'un effort concerté pour combattre les hérétiques et autoriser une seule Église et une seule version des Saintes Écritures. Dans les premières congrégations chrétiennes, les versions des Saintes Écritures variaient énormément. Des croyances locales interviennent dans la description du baptême de Jésus dans les Évangiles. Le fait que des scribes appartenant à certaines Églises s'inspiraient des événements locaux contribuait certes à ces variations.

Il semble que l'Évangile de Marc ait été le premier à être écrit. En général, les spécialistes s'accordent sur le fait que Marc se base sur un document perdu (dit Q, du mot germanique *quelle*, qui signifie « source »), qui devait contenir une liste des paroles, paraboles et enseignements les plus importants de Jésus. Marc y aurait ajouté toutes les histoires orales qu'il a pu glaner ci et là. Mais le document Q a disparu, et la popularité de ce type de liste a diminué.

Ces faits sont inquiétants. Leur effet cumulatif est puissant : on peut en nier un, mais, pris ensemble, ils résistent. Mais à moins que vous ne teniez les Évangiles pour la vérité révélée, je pense qu'il y a suffisamment d'énigmes non résolues pour remettre en question le Jésus de la Bible et pour ouvrir la discussion.

L'argument rationnel – Les faits entourant Jésus ont fini par disparaître, petit à petit. Les Évangiles constituent des preuves peu fiables de l'existence d'une personne réelle.

Pour – Je parle d'argument rationnel parce que cette position résume une idée que partagent la plupart des gens : le passage des siècles a fait disparaître Jésus. Dans les premiers temps de l'Église, les gnostiques sont allés très loin lorsqu'ils ont dénoncé la fausseté des Évangiles. Quelques textes gnostiques qui ont survécu (tel l'évangile de la vérité) ridiculisent toute personne assez insensée pour croire les mensonges et les mythes émaillant le récit de la vie de Jésus.

D'une façon plus généreuse, les spécialistes modernes de la Bible soulignent que les premiers auteurs ne cherchaient pas à nous tromper : ils voulaient tout simplement faire comprendre l'urgence de se convertir. S'il était nécessaire de mêler fiction et réalité, alors la fin justifiait les moyens. Jésus n'a-t-il pas annoncé l'avènement prochain du deuxième Messie ? Il fallait se convertir sur-le-champ, sinon c'était la damnation éternelle. En conséquence, les auteurs ont pris des libertés et, ce faisant, ils ont éliminé toute ressemblance avec une personne de chair et de sang. Seul Jésus a survécu à tout cela.

Contre – Il est possible de contrer tout argument reposant sur l'absence de faits réels à propos de Jésus en affirmant que les quatre Évangiles sont vrais en tant que documents de foi. Introduire la rationalité dans cet argument, c'est comme faire entrer le loup dans la bergerie. Quelles preuves avons-nous que tout ce que nous appelons histoire est authentique ? L'existence de Jules César n'est pas prouvée par des photographies et des empreintes digitales, ni par des restes humains. Mais les chrétiens croyants pourraient dire que les disciples de Jésus le connaissaient intimement et qu'ils ont relaté les faits jalonnant son existence, tout maigres fussent-ils. La preuve ? La nouvelle religion qui s'est répandue comme une traînée de poudre autour du Christ. Les témoins de sa vie ont propagé, avec succès, la bonne nouvelle ; ils ont décrit ce qu'ils avaient vraiment vu.

Les partisans de l'argument rationnel s'accordent pour rejeter la révélation divine. Ils supposent que l'existence de Jésus est plausible, mais chacun d'eux le fait selon le degré de doute qui l'anime. On a accepté d'appliquer des critères historiques à la biographie du Christ. De nos jours, la vie du Christ n'échappe pas plus au regard critique de l'enquêteur que Shakespeare ou Lincoln. Et pourtant, la recherche suppose la comparaison des sources entre elles. Mais comment la Bible pourrait-elle répondre à ce test puisque aucun document ne fait la preuve de l'existence de Jésus ?

Les chrétiens naviguent dans une zone fantôme pleine d'ambiguïtés. Ils doivent croire aux Évangiles parce que, sans eux, il n'y a pas de Jésus. En revanche, il n'y a aucun moyen de départager les éléments de l'histoire qui sont fondés sur des faits. Les physiciens savent tout sur l'eau, sauf comment on marche dessus. En fin de compte, le rationalisme ne répond pas de façon satisfaisante.

L'argument mystique – Le vrai Jésus n'a jamais été une personne physique. Jésus est l'Esprit-Saint.

Pour – L'Évangile de Jean retient l'attention des spécialistes de la Bible parce qu'il transforme un Jésus de chair et de sang en un esprit désincarné. Le bon berger qui regroupe son troupeau se transforme car : « Au commencement était la Parole, et la Parole était avec Dieu, et la Parole était Dieu » (Jean 1, 1). Jésus devient soudain une abstraction, la parole qui n'est pas née et qui ne mourra jamais.

Jean avait peut-être une autre raison de sortir Jésus de l'histoire. S'il ne sauvait pas le peuple d'Israël et ne renversait pas ses oppresseurs, Jésus ne pouvait être accueilli comme le Messie ; or, c'est le contraire qui s'est produit. En l'an 70, les Romains ont détruit le second temple de Jérusalem, réduisant ainsi à néant tout espoir que le Christ règne physiquement sur le monde, au nom de Dieu. Il y aura toujours des controverses au sujet de la décision de Jean de saturer l'histoire de théologie. Mais une chose est certaine : il a réglé le problème en rendant cet aspect de l'histoire non pertinent. Jésus appartient à l'éternité.

Grâce à la résurrection, un homme de chair et de sang se mue en substance divine : l'Esprit-Saint. Il n'est plus nécessaire, dès lors, de se servir de l'histoire pour découvrir le vrai Jésus. La spiritualité se fonde sur des vérités que l'on ne peut comprendre d'un point de vue strictement rationnel. Étant donné que l'Esprit-Saint est transcendant, Jésus ne se trouve pas sur Terre, mais dans le royaume de Dieu. C'est une réalité de l'âme et non de l'archéologie.

Contre – Lorsqu'on fait de Jésus l'Esprit-Saint, une question se pose : qui est présent dans les pages des Saintes Écritures ? La théologie nage dans l'arbitraire ; elle peut raconter les histoires qu'elle veut et y trouver une foule de sens cachés. Une fois que l'on adopte un point de vue mystique de Jésus, il n'est pas nécessaire d'avancer des preuves. On ne peut confirmer ni infirmer la foi. La vision d'un saint est aussi valable que celle d'un autre saint.

Avec ces spécialistes qui tentent de dénicher la preuve du vrai Jésus, laissant ainsi l'humanité entière profondément divisée, l'argument mystique ne propose aucun compromis. D'une part, il y a le monde miraculeux de Jésus, dans lequel le monde physique obéit à sa volonté. D'autre part, il y a le monde matériel, dans lequel Dieu n'intervient pas et où les lois physiques de la nature dominent. Où commence et où finit le mysticisme ? On ne peut répondre à cette question par le mysticisme seul. Dans le passé, cette division de la réalité ne dérangeait pas les croyants. Aujourd'hui, nous voulons plus de clarté. Jésus fait-il partie d'un monde miraculeux, ou du nôtre ?

L'argument sceptique – Tout d'abord, il n'y a pas de vrai Jésus : il est le produit de l'imagination des théologiens.

Pour – Ceux qui traitent les Évangiles d'œuvres de fiction soulignent que le Nouveau Testament n'est pas unique. Il fait partie d'une longue liste de documents de l'histoire spirituelle qui mélange espoirs, souhaits, foi aveugle, histoires traditionnelles et magie, et qui a propagé des mythes dans toutes les cultures. À partir de cet amalgame, des juifs mystiques ont créé ce qu'ils recherchaient ardemment : le Messie qui sauverait le judaïsme et confirmerait la validité du peuple élu.

Est-il possible qu'un groupe de personnes aient inventé Jésus sans l'ombre d'une preuve tangible ? Supposons qu'ils l'aient fait. Se sont-ils mis alors à croire à leur propre invention ? Dickens peut bien créer un personnage aussi réel que Scrooge, mais il ne peut certes lui léguer de l'argent par testament.

Un jour, un interviewer demande à Albert Einstein si le christianisme l'a influencé, ce à quoi Einstein répond : « Je suis juif, mais le personnage du Nazaréen me fascine. » Surpris, l'interviewer demande à Einstein si Jésus a vraiment existé. Le grand scientifique répond : « Incontestablement. Personne ne peut lire les Évangiles sans ressentir la présence réelle de Jésus. Sa personnalité vibre dans tous les sens du mot. Aucun mythe n'est aussi vivant. »

Contre – L'objection à cet argument va de soi : tout cela ne règle pas le mystère du vrai Jésus, cela ne fait que le reformuler. Nous savons déjà que les notions de foi et de raison sont conflictuelles. Nous savons aussi que les auteurs des Évangiles avaient leurs propres visées. Éliminer arbitrairement Jésus comme personnage fictif n'est pas plus valable que d'accepter littéralement toute l'histoire. Plus simplement, il est plus facile d'accepter que Jésus ait existé que le contraire, parce que le concept d'une religion qui se répand comme une traînée de poudre autour d'un conte de fées est très caduc.

La forme plus diluée de cet argument donne à réfléchir : Jésus est réel, mais nous ne savons pas dans quelle mesure. On pourrait dire qu'il s'agit là d'un point de vue gnostique. Les gnostiques croyaient en Jésus mais non en l'Évangile. Un scepticisme dilué est similaire, mais de façon inversée. Il chevauche la clôture sans prendre position pour la foi seule ou pour la raison seule. Ce qui n'est satisfaisant ni sous l'angle émotionnel ni sous l'angle intellectuel. Il est plus facile de se retrouver devant un Jésus (moraliste, Messie, faiseur de miracles, saint ou modèle de bonté) que devant un personnage relégué pour toujours dans les limbes.

L'argument de la connaissance – Jésus existe dans notre conscience au niveau de la connaissance de Dieu.

Pour – La preuve circonstancielle de l'existence de Jésus est forte et, puisque nous n'avons aucune autre preuve tangible, le mieux que l'on puisse faire, c'est de l'accepter. Si Jésus est une vue de l'esprit, ceux qui l'ont inventé étaient profondément religieux. Ils ont été touchés par le plus haut degré de connaissance, qui leur est sûrement venue grâce à une personne réelle – un grand maître – et non grâce à un groupe de scribes qui ont soudainement été habités par la connaissance.

La vie de Bouddha est un modèle à suivre : un grand maître transmet sa sagesse à ses disciples, qui tentent de préserver son message après sa mort. Leurs efforts ne sont pas parfaits, mais ils sont impressionnants. Certains disciples ont vu la lumière après avoir écouté son enseignement. D'autres sont restés de fervents croyants. Tous ont vibré lors de cette étonnante rencontre avec un être dont le charisme et la sagesse semblaient surhumains. C'est de cette façon qu'ils ont raconté leur expérience à la postérité, c'est-à-dire en laissant des écrits concernant un homme de chair et de sang dont l'union avec Dieu était immédiate, personnelle et directe.

Contre – Dans la mesure où j'accepte l'argument de la conscience en ce qui concerne le vrai Jésus, il m'est difficile d'en relever les failles. Certes, un chrétien croyant s'objecterait à associer le Messie à des maîtres éclairés comme Bouddha et les sages védiques de l'Inde. (Par exemple, l'Église s'oppose fermement à un Christ semblable à Bouddha ; c'est, pour elle, contraire à la doctrine chrétienne. La connaissance ne contredit pas cette croyance voulant que toutes les fois, hors du christianisme, soient païennes.)

L'originalité du Christ est partie intégrante du christianisme orthodoxe depuis des siècles. Concéder un très haut niveau de connaissance à Jésus ne le diminue pas ; cela ne le rend que plus accessible. Cette démarche l'inclut dans la grande tradition de sagesse qui prévaut dans toutes les grandes cultures. En niant cela, nous nous condamnons à errer dans le désert des querelles théologiques et à nous disputer à propos de trouvailles archéologiques douteuses.

La recherche de l'identité de Jésus se poursuivra aussi longtemps que l'on peut l'imaginer. Le scepticisme continuera vraisemblablement de grandir, et la foi, de décliner, comme cela se passe depuis des générations. Mais la question n'est pas de savoir si Jésus est encore crédible. Au fond, la recherche du vrai Jésus est affaire de fondamentalistes. Ce qui joue en faveur des gens qui prônent un christianisme rigide et exclusif. Ce qui est ironique, dans tout cela, c'est que Jésus a pesté contre les docteurs de la loi qui défendaient précisément cette position.

Tous les arguments que j'ai évoqués se fondent sur l'interprétation. En dépit des traditions de l'Église, qui soutient que seuls les prêtres et les saints ont autorité dans ce domaine, tous ceux qui peuvent imaginer une nouvelle interprétation du Nouveau Testament sont sur un pied d'égalité. Malheureusement, ce grand texte est parfois si ambigu et si déroutant qu'il soutient presque toutes les thèses contradictoires concernant sa signification.

Le salut que propose Jésus est le même que celui proposé par Bouddha. Sur ce chemin, nous serons délivrés de la souffrance et nous marcherons sur le chemin de la liberté spirituelle, de la joie et de la proximité de Dieu. À cet égard, Jésus est tout aussi accessible aujourd'hui qu'il l'a jamais été. Plutôt que de nous en remettre uniquement à la foi, nous pouvons transcender le culte et découvrir un corpus d'enseignements qui rejoignent les traditions de la sagesse mondiale. La preuve, en termes chrétiens, que la conscience supérieure est réelle et ouverte à tous.

Troisième partie

Choisir Jésus comme Maître

Un guide pour ceux qui cherchent

RECHERCHE D'UNE RÉALITÉ SUPÉRIEURE

JÉSUS a ouvert une voie vers la connaissance, et cette recherche n'est certes pas démodée aujourd'hui. Les enseignements du Christ nous disent comment changer notre conscience. Pour illustrer ce processus, je propose ici des exercices quotidiens s'inspirant de versets du Nouveau Testament. Jésus n'a pas proposé de pratiques autres que la prière et le don à Dieu par la foi, mais deux mille ans après lui, nous en savons beaucoup sur la croissance spirituelle grâce aux traditions orientales et occidentales.

Jésus nous demande de nous transformer individuellement. Cette métamorphose peut s'accomplir si nous rétrécissons l'écart qui nous sépare de lui. Mais Jésus est une personnalité insaisissable, qui n'existe dans la conscience qu'en tant qu'unité avec Dieu. Chaque étape qui nous éloigne de cette séparation et nous rapproche de l'unité est donc précieuse. Nous avons une perception limitée de nous-mêmes ; c'est pourquoi je propose ici des exercices qui vous aideront à remplacer vos hypothèses dépassées et à franchir les obstacles qui vous font croire qu'il est tout à fait normal de vivre une existence enfermée dans des limites.

Vous pouvez tendre chaque jour vers la connaissance de Dieu. L'Église a repoussé la rédemption jusqu'à un Jugement dernier très éloigné, mais, heureusement, Dieu est partout. Et aucun être n'est déconnecté de Dieu. Lorsqu'on doute de cela, c'est parce qu'on a commis une erreur. Le chemin vers la spiritualité vise à réparer cette erreur. Mais cette démarche exige un changement dans notre mode de vie et dans notre façon de voir les choses. Dans ce chapitre, je vous explique comment, sur le plan pratique, de tels changements se produisent. Pour ce faire, je m'inspire de versets que nous avons déjà examinés sous leur angle spirituel. Le moment est maintenant venu de les analyser sous leur angle pratique. Les quinze étapes suivantes ne relèvent pas de la doctrine de l'Église. Au premier abord, mon interprétation des paroles de Jésus vous paraîtra sans doute inhabituelle, mais Jésus ne peut être pris isolément : il appartient à une tradition universelle. Ses enseignements se mêlent au flot de sagesse qui provient d'autres traditions et de la sagesse du christianisme dans sa plus récente évolution.

Quinze étapes vers la connaissance de dieu

Leçons et exercices

1. Le royaume des cieux est en vous

Mise en pratique de la leçon – La source de la réalité se trouve à l'intérieur de vous, il s'agit de votre essence.

Jésus ne nous apporte pas seulement une notion traditionnelle du Ciel, il nous indique la voie vers des dimensions cachées. Lorsqu'on se tourne vers l'intérieur de soi-même, on y découvre des activités comme les pensées et les sentiments. Le premier réflexe est de suivre l'activité qui procure du plaisir et éloigne la douleur. Mais Jésus parle d'une réalité intérieure tout à fait différente. La conscience qui se dissimule derrière nos pensées est celle qui contient toute l'intelligence qui emplit l'Univers. Elle est à la fois personnelle et collective. La conscience personnelle comprend les relations ; la conscience collective se nourrit des mythes et des archétypes communs à toutes les cultures. Ces deux dimensions sont en vous, et vous pouvez les attacher l'une à l'autre, formant ainsi un pont vers le sacré.

Exercice – Lorsque vous êtes seuls et ne risquez pas d'être dérangé, choisissez une prière que vous aimez ou, mieux encore, un extrait significatif de cette prière. Habituellement, je suggère aux gens de réciter le *Notre Père*, mais vous préférez peut-être le *Je vous salue Marie*. Répétez les mots à voix basse jusqu'à ce qu'ils pénètrent de plus en plus votre conscience. Continuez pendant au moins cinq minutes – voire vingt minutes. Cette répétition sacrée est commune à toutes les traditions religieuses.

Puis ouvrez les yeux et laissez votre regard se poser sur une image sacrée, comme une icône, une image de Jésus, ou une statue de Marie. Demandez à cette image de s'incarner en vous. Soyez attentif au lien qui se crée. Ne forcez rien, manifestez tout simplement votre intention de fusionner avec l'archétype du Christ, de Marie ou de l'image sainte. Certains utilisent les anges, ce qui revient au même.

Ensuite, pensez aux qualités précises que vous recherchez, comme l'amour, la compassion ou l'indulgence. Ce sont là les énergies modèles que vous désirez exprimer par l'intermédiaire de vos pensées, de vos émotions et de vos actes. En faisant appel à votre archétype supérieur, vous penserez à des choses et ferez des choses que cette personne que vous connaissez – vous-même – n'aurait jamais pensé faire. Jésus parle de Dieu comme étant le Père, mais l'Esprit n'est pas enfermé dans un genre. Tout comme les gnostiques, vous pouvez également imaginer un Dieu féminin, ou comprenant les deux genres.

Cet exercice permet de faire tomber les frontières entre le moi égocentrique et le moi supérieur.

2. Soyez dans le monde, et non pas enfermé dans ce monde

Mise en pratique de la leçon – Grâce au renoncement, vous maîtrisez la réalité intérieure et extérieure.

Jésus nous incite au renoncement, mais le renoncement n'est pas de l'indifférence ou de la passivité. La distinction est importante. Vous êtes beaucoup plus que la personne de chair et de sang que vous renvoie le miroir, beaucoup plus qu'une personne créée par le monde qui vous entoure. Votre être véritable prend sa source dans l'Esprit. Vous passez du monde physique au monde spirituel par l'intermédiaire du renoncement. Étant donné que vous êtes d'abord et avant tout un esprit et un individu, le monde vit en vous en tant qu'images, pensées, sensations, souvenirs et projections. Vous êtes plus réel que le monde matériel et plus près de la source créatrice.

Exercice – Pour faire cet exercice, vous pouvez vous asseoir, mais vous pouvez aussi le faire en tout temps, même en pleine activité. Concentrez-vous un instant, puis prenez conscience de votre respiration. Soyez attentif à son mouvement, à ses changements subtils ou évidents. En même temps, voyez ce qui environne cette respiration. C'est le domicile de l'être et du silence, votre territoire. Voyez comment coexistent ces deux aspects, le changement et l'immobilisme. Vous pouvez être dans un monde de changement tout en vous souvenant de celui de l'immobilisme.

Le souffle et l'esprit ont toujours été reliés ; il y a un lien subtil entre l'inspiration et la respiration. Ce lien se raffermira si vous y prêtez attention. Être attentif à votre respiration est un des moyens les plus naturels de vous extraire de l'agitation qui règne autour de vous.

3. Car mon joug est doux, et mon fardeau, léger

Mise en pratique de la leçon – La vie devient plus facile à mesure que l'on avance dans la connaissance de Dieu.

Jésus parle au premier et au second degré. Le premier degré, le physique, est rempli de tourments, mais Jésus rassure ses disciples : Dieu leur ouvrira la voie et fera disparaître les obstacles, parfois par le truchement de miracles. C'est comme s'il disait que la vie sur le chemin de la spiritualité est plus facile que la lutte menée dans la vie quotidienne.

Au second degré, Jésus emprunte la voix de l'Esprit-Saint. L'âme dit : « Soyez un avec moi. Si vous le faites, vos luttes cesseront. » En Orient, cette promesse est celle du yoga, ou union avec Dieu. Et, dans le même esprit, Jésus dit : « Car mon joug est doux, et mon fardeau, léger. » Rappelez-vous de cela chaque fois que vous êtes tenté d'imaginer Jésus comme un personnage tragique, qui a pour mission de prendre les péchés du monde sur ses épaules.

Exercice – Aujourd'hui, laissez-vous aller dans le flot de la vie, de quelque façon que ce soit. Ne résistez pas, ne vous opposez pas. Ne contrôlez pas. Vivez votre journée sans attentes. Le monde semble être une très grosse entité, et vous, une toute petite. En réalité, le monde vient de vous ; vous êtes sa source. Pour réaliser cette vérité, il faut que vous commenciez à vivre comme si cette assertion était vraie.

Imaginez cela comme un exercice d'« entrée-sortie ». Lorsque vous êtes persuadé que le monde réel, « à l'extérieur », est un poids, votre « entrée mentale » se manifeste sous forme d'obstacle, de résistance et de combat. Mais si vous êtes convaincu que vous faites partie de la source et que le monde est secondaire, tous les événements se déroulent en douceur ; vous bénéficiez d'espace et de temps libre. Les problèmes peuvent se résoudre sans effort.

En langage familier, le meilleur conseil que je puisse vous donner, c'est de prendre les choses calmement. Lorsque vous faites face à une situation qui vous met en colère ou vous frustre, ne vous tournez pas vers vos vieilles réactions. Refaire ce qui n'a pas marché en premier lieu ne vous apportera rien de constructif. Permettez à Dieu, à l'esprit et à l'âme de prendre la relève, même de façon limitée. Vous serez surpris de voir combien cet exercice peut être efficace une fois que l'on s'y consacre.

L'Univers collabore avec vous dès que vous comprenez que votre désir et celui de Dieu ne font qu'un.

4. Demandez et vous recevrez

Mise en pratique de la leçon – Tout exaucement vient de l'intérieur.

Voilà l'une des promesses les plus extraordinaires de Jésus. Il nous est arrivé à tous de demander et de ne pas recevoir. Pour comprendre ce que Jésus a voulu dire, il faut d'abord répondre à quelques questions : Qui demande ? Vers où se dirige la demande ? Qui atteint-elle ? Pour la plupart des gens, la demande provient du moi, qui nourrit des désirs sans fin. La demande se dirige dans un espace vide ou vers un Dieu de l'enfance dont on se souvient vaguement. En fait, le destinataire de la demande est inconnu.

Ce que cela veut dire, c'est que demander et recevoir sont deux choses séparées. Il doit en être ainsi, car notre conscience quotidienne du monde est séparée de nous et se fragmente en des millions d'événements isolés. Cependant, à un niveau supérieur, tout se transforme en un tout. Lorsque vous demandez quelque chose, l'Un demande à l'Un, Dieu demande à Dieu, et il y a toujours une réponse.

Exercice – Apprenez à demander d'une manière différente, en espérant que chaque désir vous apportera une réponse. C'est la position qu'adopte le poète perse Rûmi : « Demandez tout de vous. » Les rouages de la demande et de son acceptation fonctionnent à l'intérieur de vous. Par conséquent, la prochaine fois que vous demanderez quelque chose, ou que vous désirerez quelque chose, suivez ces cinq étapes :

Exprimez votre désir clairement, à vous-même.
Une fois la demande faite, détachez-vous-en.
Ne comptez pas trop sur le résultat.
Soyez ouvert à toute réponse que vous donnera l'Univers.
Sachez qu'il y a toujours une réponse.

Une « réponse » ne veut pas dire un oui ou un non de Dieu. Aucun juge ne décide si vous êtes digne ou non d'être exaucé. Lorsque Jésus dit à ses disciples que Dieu sait tout et connaît tout, il parle de l'intimité totale qui existe entre le moi et l'intelligence qui habite l'Univers. Étant donné que vous ne pourriez exister sans faire partie de cette intelligence, prier Dieu, c'est comme « boucler la boucle ».

Le fait que l'on espère recevoir plus que par le passé ne justifie pas une nouvelle position face à la prière. Comme tous les aspects du chemin de la spiritualité, il s'agit de surmonter la séparation. Lorsque vous êtes dans le même état d'unité que celle vécue par le Christ, chaque pensée apporte une réponse de Dieu. En revanche, dans l'état de séparation – comme celui vécu par ses disciples – plusieurs demandes restent sans réponse. C'est une rupture dans la communication. Afin de recréer le lien, il est nécessaire de s'en remettre à un nouveau sens du soi. Jésus ne cesse de répéter que « vous êtes dans Dieu, et Dieu est en vous ». Peu à peu, nous pouvons apprivoiser cette vérité, et l'une des meilleures façons de le faire est d'examiner les réponses à nos prières. Ces réponses sont parfois subtiles et elles peuvent se modifier. Par exemple, si vous demandez d'être guéri, votre souhait peut être exaucé en tout ou en partie :

Vous guérissez entièrement et instantanément.
Les traitements médicaux s'avèrent efficaces.
Votre état montre des signes de récupération plus rapides que la normale, sans effets secondaires et sans traumatismes persistants.
Vous êtes persuadé que vous allez guérir.
Votre peur de la maladie s'atténue.
Une sensation de paix vous envahit.
L'idée de la guérison fait son chemin.

En demeurant vigilant face à ces réponses, dont certaines sont intérieures et d'autres, extérieures, vous ne succomberez pas à la dichotomie « Dieu m'a guéri » / « Dieu ne m'a pas guéri ». Chaque prière constitue une petite séquence d'un voyage extérieur. Mais l'amour-propre vit dans la dualité et s'attend à un oui ou à un non. En réalité, le voyage est plus problématique car chaque événement est relié à tous les autres. Ainsi, lorsque vous demandez quelque chose, la réponse à votre désir s'inscrit dans le contexte de votre moi, du passé, du présent et de l'avenir.

La richesse d'une prière est donc à double effet. Elle vous ouvre sur un univers qui vit et respire, un univers qui peut vraiment répondre à vos plus petites pensées, mais elle vous fait également comprendre qu'une union intime avec Dieu est non seulement possible, mais que c'est la façon la plus naturelle de vivre. L'exaucement vient de l'intérieur parce que tout commence et tout finit avec l'âme.

5. Pardonne-nous nos offenses, comme nous pardonnons aussi à ceux qui nous ont offensés

Mise en pratique de la leçon – La souffrance est ancrée dans l'abstrait. On peut la transcender en cherchant la réalité.

Dans cet extrait du *Notre Père,* Jésus atteint l'un de ses buts principaux : faire croire en un Dieu miséricordieux. Selon le christianisme traditionnel, Jésus a pardonné les péchés du monde et a prôné une nouvelle entente avec Dieu, fondée sur le pardon et non sur la punition. Vous devez vous demander si c'est bien là votre expérience. Croyez-vous que vos fautes passées ont été effacées de votre conscience ? En avez-vous oublié d'autres commises dans le passé ?

L'enseignement qui prévaut ici porte sur la fin de la souffrance. Selon le modèle chrétien, le péché est la cause de toute souffrance. Vous ne pouvez pas être pardonné, et, ainsi, être libéré de la souffrance, si vous n'êtes pas conscient que vous avez été pardonné. Le message de la miséricorde doit vous rejoindre, mais cela exige la disparition de tout ce qui lui fait obstacle : culpabilité, colère, ressentiment, manque de confiance en soi et isolement. Si vous faites disparaître tous ces obstacles, vous connaîtrez la miséricorde divine promise par Jésus. Il n'est pas nécessaire de vous conformer à un cadre religieux ; le pardon peut venir de l'intérieur, l'inconscient, ou de l'esprit, quel que soit l'endroit où vous situez sa source.

Exercice – La culpabilité est une forme de souffrance, qui prend sa source dans l'irréalité. Jésus met constamment l'accent sur le fait que ceux qui l'écoutent ne le connaissent pas et ne savent pas d'où il vient. Ils sont enfermés dans une image irréelle de Dieu, comme tous les êtres humains. Pour pardonner, à vous-même ou à quelqu'un d'autre, vous devez vous engager sur le chemin de la réalité. Comme le dit Jésus, la vérité, c'est l'amour de Dieu et de sa miséricorde. C'est aussi la valeur infinie de ses enfants sur cette Terre.

Il importe de raffermir cette réalité de toutes les façons possibles. Suivez la règle d'or et traitez les autres comme vous voulez que l'on vous traite. Soyez reconnaissant à la vie. Recherchez des façons d'apprécier les autres. Ces démarches sont à l'origine d'un procédé de purification des sentiments cachés de culpabilité et de ressentiment. Laissez ces sentiments refaire surface. Vous n'avez pas à les masquer. Faire semblant de pardonner est contre-productif.

Y a-t-il quelque chose dans votre passé dont vous vous sentez particulièrement coupable ? Prenez le temps de parcourir les étapes suivantes :

Visualisez la raison de cette culpabilité. Découvrez la scène où la faute s'est produite. Revivez la sensation ressentie à ce moment-là.

Prenez quelques instants pour libérer votre sentiment de culpabilité. Si cela exige que vous pleuriez, ou respiriez profondément, ou vous couchiez parce que vos sentiments sont très intenses, écoutez votre instinct. Mais ne vous complaisez pas dans votre culpabilité. Dites-vous que ces sentiments vont disparaître. Demandez qu'on vous en débarrasse.

Lorsque vous réalisez que vous faites face à votre culpabilité, dites-vous que ces images et ces sensations ne sont que des souvenirs. Elles n'ont aucune réalité en tant que telles. Mais ne vous efforcez pas de les faire disparaître, vous échoueriez. Les liens émotifs permettent aux souvenirs de s'éterniser. Mais les émotions passées sont irréelles ; ce sont des ombres qui jettent un voile sur le moment présent.

Ayez la volonté de laisser aller ce qui n'est pas réel. Demandez à vos anciens sentiments et à vos énergies bloquées de se dissiper et de retourner à leur source. Attendez une réponse. Comme toute énergie bloquée, la culpabilité se fait entendre davantage et se renforce dans l'esprit lorsqu'on n'y prend garde. C'est comme un microprocesseur qui répète sans cesse le même message. Ne prenez pas l'intensité de ce message comme la preuve que vous êtes mauvais ; ne croyez pas que vous ne serez jamais pardonné. Il ne s'agit que d'un cri destiné à attirer votre attention. Alors, portez-y attention et, peu à peu, manifestez votre sympathie et votre compréhension.

Vous en êtes maintenant à l'étape du pardon. Vous avez découvert que la souffrance est un reliquat du passé qui s'est développé à partir d'énergies bloquées. Le pardon est, quant à lui, un déblocage, ce n'est pas un acte de courage moral ou de tolérance surhumaine. La meilleure métaphore qui me vienne à l'esprit, c'est la purification. Tout comme on laisse des eaux troubles se clarifier, on se débarrasse de ce qui nous empêche de voir qui nous sommes vraiment, c'est-à-dire une âme sans culpabilité. Mais ne vous attendez pas à faire disparaître toute l'obscurité d'un seul coup. C'est un procédé, et vous devrez le reprendre autant de fois qu'il sera nécessaire. Sachez toutefois que cette méthode est efficace. Si vous affrontez fermement les nuages et les fantômes des souffrances passées, la souffrance présente se retirera et un espace s'ouvrira, laissant la place au pardon durable.

6. Arrêtez-vous, et sachez que je suis Dieu

Mise en pratique de la leçon – Ces paroles proviennent du psaume 46, et non de Jésus, qui n'a rien dit de semblable. « Arrêtez-vous » est un appel à la méditation. Bien que Jésus n'ait pas prôné la méditation, cette dernière est devenue un aspect essentiel de la tradition chrétienne. Avec la prière, la méditation est la meilleure manière, pour un croyant, d'établir un lien avec Dieu et Jésus. Certains pourraient affirmer que c'est ce que Jésus voulait dire lorsqu'il a déclaré : « Demeurez en moi, et je demeurerai en vous. »

Attardons-nous maintenant à la signification de « Arrêtez-vous ». Si nous tenons la méditation pour une activité isolée destinée à nous plonger dans une oasis de paix et de calme, nous perdons de vue le point le plus important. L'objectif de la méditation est d'entrer en communication avec la réalité. Le silence n'est pas une nécessité en soi. Du reste, l'activité incessante de l'esprit distrait ce silence de ce qui se cache sous cette activité. Le silence n'est qu'un aspect de la méditation, et pas le plus important. Au début, on est branché à la conscience pure, à la source inépuisable de toute intelligence, de tout pouvoir et de toute capacité d'organisation. Si l'on s'arrête, on est en mesure d'observer ces qualités à l'œuvre, à l'intérieur et en dehors de soi. « Sachez que je suis Dieu » renvoie à la révélation d'une réalité profonde que l'esprit égocentrique n'a jamais imaginée.

Exercice – Lorsque vous tombez dans le doute, asseyez-vous calmement et regardez à l'intérieur de vous-même. Une fois concentré sur ces pensées, rappelez-vous qu'un plus grand projet est à l'œuvre. Une intelligence cachée organise tous les aspects de votre vie, même si vous n'en entrevoyez qu'une partie, à l'occasion. Pour effacer vos incertitudes, vous devez aller au-delà des limites que vous imposent la confusion, la peur, le contrôle et les attentes figées.

Voyez clairement votre état présent et détendez-vous. Visualisez-vous en train de grandir ; inspirez, laissez les frontières s'ouvrir au moment de l'inspiration. La contraction est à la fois physique et mentale. Pour devenir un esprit et être finalement uni à Dieu, nous devons franchir les frontières. Dans la mesure où nous avons construit nous-mêmes les murs de séparation, notre moi est en mesure de les faire tomber.

Il est utile d'examiner les limites qui nous retiennent, mais ne vous attendez pas que les murs tombent d'un seul coup. Vous êtes engagé dans une longue négociation avec vos anciennes croyances et avec votre conception de vous-même. Nous nous donnons tous de bonnes raisons de croire à un moi séparé et de nous tenir éloignés de la vérité de notre propre nature divine. Le présent exercice ne constitue qu'une simple démarche pour faire lâcher prise à ces limites. En vous asseyant calmement et en vous regardant grandir au-delà de votre personnalité égocentrique, vous finirez par comprendre de nouvelles choses, jusqu'à ce que la connaissance la plus profonde apparaisse finalement et que vous découvriez la réalité de Dieu.

7. Ce qu'un homme aura semé, il le moissonnera aussi

Mise en pratique de la leçon – Cette phrase a déjà été citée à propos du karma. Ici, Jésus dit à ceux qui l'écoutent que leurs actions entraînent des conséquences morales. De bonnes actions produisent de bons résultats, de mauvaises actions, de mauvais. C'est dans ce contexte que l'on définit le karma. Mais, dans un sens plus large, Jésus parle ici de la vie sur le chemin de la spiritualité. Le monde est un miroir pour chaque être. De bonnes actions ne produisent pas de bons résultats parce que Jésus est à l'écoute, qu'il pose un jugement et récompense, mais parce que l'action et son résultat arrivent en même temps.

Chaque pensée, chaque mot et chaque action produisent un effet instantané. La plupart des gens ne remarquent pas les bons et les mauvais résultats, à moins que ces derniers ne soient dramatiques. Mais le monde fonctionne comme un miroir jusque dans les moindres détails. Les mécanismes de la conscience sont ainsi faits que ses aspects internes et externes sont parfaitement identiques. Pourquoi faut-il que ce soit Jésus ou tout autre maître éclairé qui en fasse la remarque ? Tout simplement parce que notre esprit et la nature humaine sont si complexes que nous ignorons les liens entre l'intérieur et l'extérieur. Ce clivage existe à cause de notre propension à mettre de côté certaines images – troublantes ou contrariantes – que le monde nous renvoie. Sur le chemin de la spiritualité, nous devenons de plus en plus désireux de voir ce qui nous crève les yeux, que ce soit ceux du corps ou ceux de l'âme.

Exercice – Cet exercice vous enseigne comment vous regarder dans le miroir. Vous y verrez deux personnes, l'une que vous admirez, l'autre que vous détestez cordialement. Commençons par la personne que vous aimez. Dressez la liste de ses traits admirables. Essayez d'être aussi personnel que possible. Il existe plusieurs modèles forts, courageux. Vous choisissez Nehru, Mère Teresa ou Martin Luther King. Pourquoi ? Parce que leurs actes rejoignent vos aspirations personnelles. Certaines de vos qualités intérieures veulent à tout prix émerger. Ce peut être l'altruisme de Mère Teresa, ou celui d'Albert Schweitzer. Si vous choisissez Jésus, personnage immense qui appartient à toute la Terre, attendez-vous que votre désir parte dans toutes les directions. Dites-vous que c'est peut-être la semence de la liberté qui veut germer.

À l'inverse, choisissez une personne que vous détestez cordialement. Notez ses pires défauts (ce n'est pas difficile) et examinez ensuite comment vous les incarnez, même si vous n'êtes pas capable de les intégrer tous. Nous projetons sur les autres ce à quoi nous ne pouvons faire face. Ne choisissez pas un personnage détesté universellement, comme Adolf Hitler, car l'énormité de ses actes pourrait vous amener à vous voir autre que vous n'êtes. Il est préférable de choisir une personne de votre entourage.

Cet exercice prend toute sa valeur lorsqu'on en effectue les deux parties. Le monde n'est pas seulement un miroir, c'est un miroir qui enseigne. Il nous met face à notre situation présente. Lorsque Jésus dit de « demeurer en lui », il parle de la fonction la plus importante du miroir : nous montrer que Dieu inspire toute chose de façon si complète que nous ne pouvons voir que lui, c'est-à-dire une divinité qui s'étend dans toutes les directions vers l'éternité. Vous vivez et demeurez dans cette réalité, et vous vous rendez compte que le miroir existe ; ses reflets, qui ne portaient autrefois que sur votre vie quotidienne, embrassent maintenant votre âme, qui est votre être véritable. Mais avant même d'entrevoir cette âme, le fait de regarder le monde comme dans un miroir vous aidera à vous guérir de la séparation, car vous vous verrez comme un membre de la Création et non comme un exilé.

8. Ne vous opposez pas au mal

Mise en pratique de la leçon – Le mal est une ombre à la fois collective et individuelle.

Ainsi que nous l'a enseigné Jésus, l'un des effets de la grâce divine consiste à contrer le mal. Nous laissons au Seigneur le soin de juger et de sévir contre le mal. Jésus utilise un vocabulaire simple lorsqu'il parle de Satan et de l'emprise des démons, mais son discours sonne encore plus vrai lorsqu'il nous incite à ne pas résister au mal. Comme nous l'avons vu plus tôt, apprendre à vaincre le mal sans y résister implique un processus particulier. Jésus ne nous demande pas de nous convertir instantanément au pacifisme, et il ne nous demande pas non plus de devenir aveugles aux effets terribles du mal quand celui-ci se répand librement.

En fait, son enseignement se modifie à mesure que nous franchissons les étapes du chemin de la spiritualité. La réalité diffère selon les états de conscience – ce qui inclut le mal. Vous ne pouvez prétendre aimer vos ennemis, et pourtant, lorsque vous vous rapprochez de la connaissance de Dieu, une telle compassion vous vient tout naturellement. Il est utile de se rappeler que le mal n'est pas monolithique, ni continu. Il a plusieurs nuances, plusieurs degrés et, lorsqu'on examine de plus près ces nuances et ces degrés, on constate que le mal est en fait l'ombre de notre moi qui exprime extérieurement ce que nous n'avons pas résolu intérieurement.

Exercice – Comme toute autre chose, le mal dépend de la perception qu'on en a. À mesure que nos perceptions changent, le mal se déplace. Il est important qu'il en soit ainsi, car si on se cantonne dans une haine inflexible ou une peur du mal, on repousse sa propre ombre loin de soi. Si vous ne connaissez pas cette ombre qui est la vôtre, le mal trouvera, même si vous le combattez avec ardeur, d'autres moyens de vous ramener l'objet de votre haine ou de votre peur.

Broyer du noir autour de vos traits négatifs ne vous révélera pas cette ombre, mais la confession le fera. Adressez-vous à une personne en qui vous avez confiance. Pour la plupart des gens, ce peut être un parfait étranger, ou un groupe de soutien se spécialisant dans la guérison. Au moment opportun, avouez une action dont vous avez honte ou dont vous vous sentez coupable. Ne commencez pas par un grave délit ou une transgression sérieuse. Il ne s'agit pas ici de se confesser à Dieu, mais tout simplement de vous relier à votre ombre d'une nouvelle manière.

On peut définir l'ombre comme la région cachée du moi, là où se terrent des sentiments défendus. Ces sentiments couvrent un large éventail : colère, désir de revanche, jalousie, préjugés, appétit sexuel effréné et rage meurtrière. Il y a tellement de choses à révéler qu'on ne sait pas par où commencer ! Nous tenons tous à être acceptés de nos semblables, mais notre ombre contient tout ce qui, chez nous, est inacceptable. La confession, dans le sens religieux du mot, n'est pas en mesure de vider toutes nos régions sombres ; le seul moyen de désarmer l'ombre est de nous unir à elle de façon différente. Lorsque nous révélons un secret à quelqu'un, notre vie commence à changer.

Le mal n'est jamais pur, et il est rarement simple. Il s'enracine dans une foule d'éléments différents. Au lieu de vous en remettre à des mots comme « mal » ou « souillé par le péché », répondez plutôt aux questions suivantes :

Pourquoi est-ce que je cache cette mauvaise habitude, cette envie ou cette action ?
Pourquoi en suis-je honteux ?
Jusqu'à quel point serai-je blessé si cela vient à se savoir ?
Suis-je touché par les souvenirs de punitions anciennes ?
Lorsque j'entends une voix intérieure qui me juge sévèrement, quelle est celle, venue de mon passé, qui me parle ?
De quelle manière l'image de moi souffrira-t-elle si cela est révélé ?
Ai-je vécu dans un système de foi qui voit tous les humains comme étant foncièrement des pécheurs ?
Pourquoi ai-je choisi de vivre avec la culpabilité plutôt que sans elle ?

Posez-vous toutes ces questions chaque fois que vous entrez dans le domaine de votre ombre. Ce ne sont pas des rencontres plaisantes, mais elles sont tonifiantes et permettent à la vérité d'éclater. En vérité, le mal n'a de pouvoir que si on lui en donne. Il faut beaucoup de décisions erronées pour monter une preuve contre vous. Lorsque vous vous posez toutes les questions ci-dessus, vous retournez en arrière et vous avez ainsi la possibilité de faire disparaître vos erreurs et vos fausses croyances.

Lorsque vous regardez votre histoire sous un jour nouveau, vous pouvez récupérer l'ombre. Elle se présente comme votre ennemie, surtout en réaction à votre culpabilité et votre peur. On ne peut abolir l'ombre, alors n'essayez pas de le faire. La Création est un assemblage de lumière et d'ombre, tout comme vous. C'est cet aspect, l'éternel combat entre le bien et le mal, que Jésus essaie de faire voir aux croyants afin qu'ils se hissent à un niveau supérieur d'existence. Il ne nous demande pas de vaincre le mal. Nos efforts pour vaincre le mal ne font que renforcer son emprise. En revanche, si vous cessez de vous opposer au mal et que vous vous en accommodez, vous faites un pas vers la découverte du mal en tant que blessure qui se fait dans la séparation et qui se guérit dans l'union.

9. Il y a plusieurs demeures dans la maison de mon Père

Mise en pratique de la leçon – L'existence est multidimensionnelle. Par conséquent votre vie l'est aussi.

Jésus prononce ces paroles pour rassurer ses disciples qui craignent de le perdre et sont inquiets à propos de l'avenir de leur âme. Jésus leur promet de leur réserver une place au Ciel. Je ne crois pas que Jésus ait voulu dire quelque chose d'aussi simple que : « Il y a plusieurs demeures dans le Ciel. » Il parle plutôt de l'omniprésence de Dieu, ou, pourrait-on dire, des nombreuses dimensions dans lesquelles pénètre la conscience divine.

Mais les gens sont inquiets, ils se demandent s'ils iront au Ciel, si une place les y attend réellement. Sur le chemin de la spiritualité, vous découvrez que vous êtes multidimensionnel. La croyance en une vie confinée au monde matériel découle d'une perception étroite, alors que l'on existe, simultanément, sur tous les plans. Si vous vous libérez de ces perceptions limitatives, vous n'aurez pas à attendre le Ciel pour connaître les nombreuses demeures dont parle Jésus. Toutes les dimensions font partie d'une même conscience et, en tant que partie de cette conscience, vous avez le droit d'y participer, au niveau que vous choisirez.

Chaque dimension de la conscience a sa propre réalité. Penser, imaginer, espérer, rêver sont des activités de la conscience. Même si l'on ne songe pas au rêve comme à un voyage dans une autre dimension, on peut certes le décrire ainsi. Mieux, si vous vous « voyez » franchir le monde physique, c'est que vous le faites. Dans d'autres cultures, les gens se servent des rêves pour créer les événements du lendemain. Ils trouvent tout à fait naturel de croire que ce qu'ils ont vu en rêve va se réaliser.

Exercice – Dans l'enseignement de Jésus, la communication entre différentes dimensions est entièrement ouverte : la foi accomplit des miracles parce que le fait d'être ouvert à Jésus crée un lien vivant avec sa puissance illimitée. Vous pouvez créer ce lien en regardant vers l'intérieur et en agissant à ce niveau subtil par le moyen de la visualisation. Asseyez-vous, fermez les yeux et imaginez-vous en train de vous promener dans un endroit familier, comme un parc ou une rue. Avec vos yeux de l'esprit, remarquez tous les détails qui vous entourent, humez l'air, laissez tout l'entourage venir à vous. Ne forcez pas votre regard, soyez tout simplement attentif à ce qui vous entoure.

Lorsque des gens font cet exercice, ils sont surpris de découvrir des choses nouvelles ou inattendues. Ils retrouvent un objet perdu, remarquent la présence d'une chose qui a toujours échappé à leur attention. Cela n'est que le premier pas. On peut visualiser des événements qui se déroulent très loin, ou entrer dans des chambres inconnues. En fait, ce que l'on découvre, c'est que tout cela n'est pas un fait de notre imagination. C'est un exercice qui permet de faire fusionner le monde matériel à un monde subtil. Nous nous retrouvons vraiment dans d'autres lieux sans avoir à nous déplacer physiquement.

Vous pouvez pousser l'exercice aussi loin que vous le désirez. J'ai déjà demandé à des gens de faire une visite guidée du Ciel et de l'enfer tels qu'ils les imaginent. Leur expérience a été intense. Les êtres humains de toutes les cultures créent leurs propres visions du Ciel et de l'enfer et croient fermement à ces images. Aucun enfant n'est autant aimé qu'un enfant de l'esprit. L'amour, la foi et l'affection sont de puissants outils de création, ils changent la perception en réalité. On a donné aux anciens dieux et déesses des attributs beaucoup trop humains. Le changement du Dieu vengeur de l'Ancien Testament en Dieu aimant du Nouveau Testament s'est fait parce que la conscience humaine était prête à cette nouvelle perception.

Votre monde intérieur est rempli d'images auxquelles vous avez donné vie. Vous êtes l'auteur des choses que vous craignez, et vous avez toujours le choix de les faire disparaître. La technique que je propose ici est une variante de l'exercice de base. Asseyez-vous, fermez les yeux et visualisez ce que vous craignez le plus. Prenez totalement conscience de votre cœur qui bat, de votre poitrine qui se contracte, de votre respiration. Ne tenez pas compte de la réaction que votre anxiété peut produire. Lorsque vous vous sentez un peu plus calme, jouez avec les images. Agrandissez-les ou rapetissez-les. Puis arrêtez. Laissez le temps se dérouler. L'emprise de la peur est paralysante ; prouvez-lui que vous pouvez vous en dégager en lui montrant que vous avez plein contrôle sur vos images mentales. Personne d'autre que vous-même ne met ces images dans votre tête. Croire qu'elles exercent un contrôle sur leur propre créateur est tout à fait illusoire.

Bref, revendiquez la paternité de votre propre vie. La visualisation n'est pas seulement un moyen de prévoir un événement heureux – bien que plusieurs personnes s'en servent à cet effet –, elle permet d'unir subtilement notre pouvoir aux événements extérieurs qui jaillissent de notre monde intérieur. En fin de compte, la foi qui accomplit des miracles est celle de notre nature divine.

10. Vous devez renaître

Mise en pratique de la leçon – Pour que nous renaissions, il faut que notre passé meure. Jésus parle de la mort comme d'un prélude à la résurrection ; il parle aussi de la nécessité de renaître. Paul résume bien la relation existant en la mort et la résurrection lorsqu'il dit : « mourir jusqu'à la mort ». La doctrine chrétienne s'est presque entièrement focalisée sur la résurrection de Jésus comme signe de notre propre résurrection. Mais lorsqu'il déclare que nous devons renaître, Jésus met l'accent sur une transformation au cours de notre vie, non dans un avenir lointain.

Renaître signifie aussi « renaissance en esprit ». Selon moi, la meilleure façon d'imaginer une telle renaissance n'est certainement pas d'accepter Jésus comme seigneur et sauveur – à l'instar des fondamentalistes. La renaissance spirituelle n'est pas un événement isolé, une sorte de révélation éblouissante qui transforme la vie d'un être à un moment précis. D'aucuns peuvent sans doute organiser leur vie spirituelle à partir d'un bond spectaculaire, mais pour la plupart des gens il s'agit d'un long processus au cours duquel ils se développent sur le plan psychologique. La maturation spirituelle est une transformation progressive ; elle se fait un pas à la fois, mais le résultat final est spectaculaire. Cette maturation nous permet de faire taire notre ego et de nous délester de sa croyance en la séparation – y compris en l'ultime séparation qu'est la mort.

Exercice – La renaissance est un processus auquel vous pouvez contribuer chaque jour. En réalité, c'est la seule façon viable de paver de façon originale votre chemin vers la spiritualité – afin qu'il vous appartienne personnellement. Aujourd'hui, vous acceptez une série d'étiquettes pour vous définir. Ce sont vos nom, âge, famille, emploi et situation sociale. Du point de vue de Jésus, aucune de ces étiquettes ne vous décrit vraiment ; elles vous détournent d'une réalité : vous êtes un esprit incarné dans un corps. Si vous le voulez, vous pouvez vous redéfinir chaque jour. À mesure que le moi figé fait place à un moi dynamique, limpide, ouvert à l'inconnu, la liberté éclate. Grâce à cette liberté, vous allez au-delà de la mort en découvrant que vous englobez la vie et la mort dans un état de pur esprit.

Traduisons cela en applications pratiques. Notez les données de base qui vous décrivent : nom, âge, sexe, niveau scolaire et emploi. Revoyez-les une par une et voyez comment elles s'appliquent à vous. Par exemple, le nom précise l'identité d'une personne, ainsi que son bagage familial ; il la situe dans le temps et l'espace, la distingue des autres et devient sa marque personnelle. À des degrés différents, vous êtes lié à tous ces éléments de votre identité. Voyez maintenant dans quelle mesure certains liens s'appliquent à vous. Pensez-vous que vous devez vous conformer aux traditions et aux attentes de votre famille ? Est-il important que votre nom soit reconnu publiquement ? Tout en vous posant ces questions, dégagez-vous des liens qui vous empêchent de « renaître ».

Vous pouvez maintenant vous redéfinir. Si vous découvrez que vous pensez d'une certaine manière en raison de votre âge, de votre niveau scolaire, de votre sexe ou de votre situation sociale, demandez-vous s'il n'y a pas d'autres façons de penser. Si vous êtes lucide, vous serez surpris de découvrir que vous vous êtes défini en fonction de croyances rigides et d'un conditionnement au passé. Ces influences extérieures ne sont pas vous, et tant que vous ne serez pas complètement débarrassé de ces vieilles définitions, vous ne pourrez pas faire face à l'inconnu. Toute nouveauté qui vient à vous finira par passer par un filtre et épousera vos goûts et dégoûts, votre situation sociale, votre revenu, votre niveau scolaire, et ainsi de suite. La connaissance spirituelle ne doit pas être filtrée : elle doit s'acquérir directement et spontanément. La meilleure façon de vous préparer à rencontrer l'esprit, c'est d'apprendre à vous redéfinir chaque jour.

11. Vous êtes la lumière du monde

Mise en pratique de la leçon – L'Univers pense et agit à travers vous.

Nous avons discuté abondamment de ce verset dans un chapitre précédent. Voyons ici comment il s'applique à nos engagements personnels. Ces paroles de Jésus peuvent se traduire ainsi : l'Univers pense et agit par notre entremise. Nous ne sommes pas le résultat de forces physiques qui auraient forgé toute la Création – avec l'intelligence humaine comme un sous-produit récent. Au contraire, l'intelligence humaine existe sous différentes formes et nous sommes l'une de ces formes, en même temps que toute cette intelligence. Tout comme une seule cellule du corps définit la totalité du corps, nous définissons, à chaque instant, la totalité de la Création.

Une perception ordinaire ne permet pas de voir le tout. C'est pourquoi Jésus a tant insisté sur la nécessité de donner la vue aux aveugles. Il demande à ses disciples de développer ce qu'il appelle un second regard, ou vision divine – autrement dit, la capacité de se voir comme un pur esprit, au-delà de toute frontière. Lorsque Jésus promet de répéter ses miracles et d'en accomplir de plus grands, il fait allusion à ce second regard. Il ne se voit pas enfermé dans des limites, et il ne conçoit pas que ses disciples le soient. Pour être la lumière du monde, il faut comprendre que le monde est lui-même lumière, c'est-à-dire une conscience pure qui se manifeste sous une forme physique.

Exercice – Pour porter un second regard, vous devez d'abord vous habituer à cette idée. Le premier regard se concentre sur le monde matériel ; il s'attarde au paraître plutôt qu'à l'être. La lumière dont parle Jésus est invisible à l'œil mais évidente pour l'âme. Lorsque vous pensez, dites ou faites quoi que ce soit, vous manipulez la conscience ou, en d'autres mots, vous utilisez la matière de la conscience pour créer quelque chose. Tout comme le kérosène doit s'évaporer pour que l'avion vole, la conscience disparaît lorsqu'on s'en sert. Son potentiel se transforme en sensation, en pensée, en objet ou en événement. En lisant cette dernière phrase, vous transformez la conscience sans vous rendre compte que son flot coule en vous.

Jésus nous demande de voir au-delà de cette disparition. En portant un second regard, nous sommes en mesure de nous percevoir comme étant nous-mêmes conscience, et non pas un des produits ou une des créations de cette conscience. Il y a plusieurs manières d'avoir un aperçu de ce second regard :

Méditer pour atteindre le silence intérieur.
Ressentir la pureté de la nature.
Avoir des éclairs soudains d'innocence.
Avoir envie d'aimer.
Avoir une relation intuitive avec sa muse.
Être à l'écoute des conseils intérieurs, source de sagesse.
Avoir le sentiment que l'on fait partie d'un plus grand projet de vie.

Avez-vous vécu de tels moments ? Dès aujourd'hui, repérez ceux qui se présentent à vous. Soyez attentif à ces instants où vous avez l'impression que quelque chose se cache derrière le voile des apparences. Même si nous ne portons généralement qu'un premier regard sur les choses et que nous nous perdons dans d'incessantes activités, nous avons le potentiel nécessaire pour percevoir le monde par l'entremise d'un second regard.

Chaque fois qu'un éclair d'amour, d'innocence, d'inspiration, d'étonnement, d'émerveillement ou de joie vous frappe, dites-vous : cela est mon vrai moi. Ne laissez pas ces moments s'évanouir. Appréciez-les, et demandez à en recevoir davantage. Vous ouvrez ainsi la porte à une interaction entre le premier et le second regard. Vous continuerez à voir le monde physique, certes, mais il n'aura plus le même sens. Vous découvrirez la conscience à l'œuvre ; vous serez en mouvement. De cette manière, les mondes du changement et de l'immobilisme se mêleront. La lumière entrera dans le monde, jusqu'à ce que le monde ne soit plus que lumière, et rien d'autre. C'est de cette façon que Jésus a perçu sa vie, et il a promis à ses disciples qu'il en serait de même pour eux.

12. Ne vous inquiétez pas du lendemain

Mise en pratique de la leçon – Faites confiance au pouvoir d'organisation de l'Univers.

D'une façon très claire, Jésus demande à ses disciples de ne pas gagner leur vie, de ne rien planifier, de ne pas se préoccuper de l'avenir. L'extrait cité plus haut découle de cet enseignement, mais la fin du sermon sur la Montagne revient sur cet aspect maintes et maintes fois. Si c'est là l'une des recommandations les plus radicales du Christ, il faut aussi dire qu'elle a été la moins écoutée. Comme tout le monde, les chrétiens s'inquiètent, planifient, gagnent leur vie et accumulent argent et biens.

Cet enseignement ne s'applique pas dans la conscience ordinaire, mais si on le transpose sur le plan de la spiritualité, la recherche du changement au-delà de l'ordinaire devient possible. Un monde aléatoire, insensé, se transforme alors en refuge sécuritaire, en domicile pour tous et chacun, rempli des choses essentielles à la vie. Jésus qualifie ce refuge sécuritaire de Providence – cette dernière ayant un rôle de pourvoyeuse. Apprendre à faire confiance à la Providence est un cheminement au cours duquel les vieilles façons de faire auxquelles nous nous accrochons changent petit à petit. Même si Jésus demande à ses disciples de se départir de leur argent et de leurs biens, je pense qu'il faut interpréter ses paroles selon notre monde. Les disciples, eux, comptaient sur un maître éclairé pour les guider vers un changement radical auquel ils n'étaient pas préparés. Quoi qu'il en soit, nous devons nous en tenir au sens sous-jacent de cet enseignement : on peut avoir confiance en Dieu. Notre moi n'a pas à prendre la place de la Providence ; il y a d'autres façons de parvenir à l'abondance.

Exercice – Si l'on s'en tient au sens littéral de cet enseignement de Jésus, la façon la plus directe de ne pas s'inquiéter pour l'avenir est de vivre au présent. Seul le présent est réel. Il contient à la fois plénitude du monde et plénitude de l'esprit. Mais le présent est insaisissable. Nous vivons nos vies en nous rappelant le passé et en anticipant l'avenir. Par conséquent, le réel et l'irréel se mêlent inexorablement. En fait, ils sont tellement emmêlés que le présent doit être récupéré par étapes ; vous n'y parviendrez pas d'un seul coup.

Vues une à la fois, les composantes du moment présent sont les suivantes :

Vigilance : rester éveillé.
Ouverture : ne pas avoir d'attentes.
Fraîcheur : ne pas se laisser submerger par le passé.
Innocence : ne pas juger d'après des expériences passées.
Spontanéité : laisser les nouveaux élans apparaître sans les critiquer ou les censurer.
Audace : éloigner les traumatismes du passé.
Enrichissement : se renouveler de l'intérieur.

Toutes ces dispositions existent à l'intérieur de vous, ces dispositions dont les enfants font constamment étalage. Votre but n'est pas d'apprendre à être spontané, innocent, audacieux, etc., mais de redécouvrir ces dispositions. Aujourd'hui, le présent vous appartient, mais de façon irréelle. Il est encombré de souvenirs, d'espoirs, de croyances et de conditionnements. Le moment présent pourrait être rempli de façon beaucoup plus réelle grâce aux dispositions mentionnées plus haut.

Lancez-vous le défi de passer de l'irréel au réel. Voyez comme vous vous complaisez dans un état contraire à celui dans lequel vous devriez être. Car vous êtes :

endormi plutôt que vigilant ;
renfermé plutôt qu'ouvert ;
desséché plutôt que frais ;
conscient plutôt qu'innocent ;
réfléchi ou routinier plutôt que spontané ;
inquiet plutôt qu'audacieux ;
dans la misère plutôt que dans l'abondance.

Ces états contraires proviennent de cette partie de vous-même qui croit connaître la vie. Le moi se repose sur ce qui est familier, il n'est pas enclin à sonder l'inconnu – qui est pourtant l'essence même de la vie. On n'apprend pas la spontanéité ou l'innocence. Par définition, un élan spontané est imprévisible. Vous ne pouvez pas vous engager dans un voyage spirituel sur deux embarcations différentes. Il est futile d'essayer de trouver un compromis qui inclut connaissance et innocence, anxiété et audace, ou tout autre tandem de contraires.

La seule façon de récupérer le présent consiste à évacuer le passé, c'est-à-dire tout ce qui est routine, lourdeur d'esprit, anxiété calculée et traumatisme. Vous ne pouvez pas fabriquer l'innocence, mais si vous retirez son contraire, vous laissez un espace pour que l'innocence s'exprime à nouveau. Lorsque vous affrontez une personne que vous croyez très bien connaître, mais dont le comportement est prévisible, ne réagissez pas spontanément. Laissez de la place à une nouvelle perception de cette personne. Posez de nouvelles questions, marquez votre accord, même si c'est contre vos habitudes, ne portez pas de jugement, attendez. Vous pouvez faire cet exercice avec toutes les autres dispositions du moment présent. Prenez vos distances par rapport aux attentes passées, c'est ainsi que l'imprévu se produira.

13. Demeurez en moi, et je demeurerai en vous

Mise en pratique de la leçon – Vous serez libre dès lors que vous ne vous verrez pas isolé.

Jésus faisait souvent les déclarations inspirantes que seul un Messie peut faire. Lorsqu'il dit : « mon Père et moi sommes un » ou « demeurez en moi », nous n'appliquons pas ces paroles à nous-mêmes et pourtant nous le devrions. La conscience se partage, personne n'en est exclu. Quand Jésus parle du point de vue de l'esprit, il s'adresse à tous les êtres humains. Sur le chemin de la spiritualité, vous devenez de moins en moins isolé en tant qu'individu et de plus en plus universel en tant qu'expression de la conscience. Ce changement s'opère parce que en réalité tout se produit dans la conscience.

Je sais combien il est séduisant de se voir en tant que personne unique, différente des autres. Mais comment se fait-il que les autres existent en nous et nous en eux ? Prenons un exemple simple. Lorsque je me remémore le visage de ma mère, elle existe dans ma conscience et elle apparaît dans mon esprit. Mais c'était également vrai lorsque ma mère vivait et que je la voyais en chair et en os. Les photons de lumière frappaient ma rétine et enregistraient, en un instant, l'image de son visage dans mon cerveau. Ce cerveau enregistrait ma vision de ma mère en quelques millièmes de seconde, et pourtant elle était déjà un souvenir ! Tout comme la lumière d'une étoile, l'image arrive après coup dans notre cerveau. C'est pourquoi, même vivante, ma mère existait déjà comme un souvenir dans ma conscience. On ne pouvait la trouver ailleurs qu'en moi. Ce qui est vrai pour la vue l'est aussi pour les autres sens. Lorsque ma mère me touchait la main, mon cerveau enregistrait le geste après coup.

Jésus va plus loin. Il affirme que l'aspect spirituel d'une personne est également présent dans la conscience. Mais, contrairement à l'image de ma mère, l'esprit de ma mère me vient d'une source collective ; nous faisons tous partie de Dieu, de l'âme, de l'Esprit-Saint. Lorsque Jésus dit : « je suis en vous », il veut parler de son essence. Lorsque vous êtes « séparé », vous ne voyez pas l'essence, et la partie « âme » de notre existence semble très loin. Mais à mesure que vous avancez sur le chemin de la spiritualité, les qualités d'empathie et de compassion se mettent à grandir. En épousant la situation d'une autre personne, en vous associant à elle, vous avez l'impression de vous fondre véritablement dans cette autre personne. La connaissance de Dieu opère cette transformation, jusqu'à sa conclusion ultime. Vous êtes *dans* tous les autres, et tous les autres sont en vous. Plutôt que de concevoir individuellement un être humain, vous le voyez en tant qu'essence, ou pur esprit.

Exercice – Au niveau des quanta, nous entrons et sortons de l'existence des milliers de fois par seconde. Tout être et toute chose que nous voyons sont en devenir. Notre cerveau fait miroiter devant nous l'illusion de la constance, mais les gens et les choses que nous croyons être devant nous sont en réalité des fantômes de ce qui était là il y a quelques millièmes de seconde. Quel lien existe-t-il entre ce phénomène et la croissance spirituelle ? En fait, il y a beaucoup de vides dans l'illusion de la réalité continue. Nous disparaissons autant que nous restons en place. Quand nous disparaissons, nous nous extrayons de l'existence le temps d'un clignement d'œil ; nous ne sommes plus ancrés dans la réalité physique. Nous voyageons dans la dimension des quanta, et au-delà, étant donné que personne ne sait où va l'Univers entre deux clignements d'yeux. Mais nous savons certaines choses :

L'aspect physique est une création de l'esprit.
La réalité est essentiellement invisible et intangible.
Les événements sont incertains.
Seul le changement est constant.
L'incertitude radicale est constamment à l'œuvre.

Le présent exercice a pour but de vous faire épouser ces vérités. Au lieu de vous démener à rendre votre vie stable, non équivoque et sûre, reconnaissez que vous êtes le produit d'une Création incertaine et ambiguë. Il ne s'agit pas là d'une faille. C'est là que réside la beauté du processus créateur du changement perpétuel. Plus vous l'acceptez, plus il vous est facile d'accepter votre propre transformation.

Répétez-vous simplement ce qui suit :
Je ne suis pas figé dans l'espace.
Je ne suis pas figé dans le temps.
La personne que je crois être est en réalité un souvenir.
Le vrai moi existe au-delà des cinq sens.
Je participe à tout instant au changement du cosmos.
L'Univers entier s'est ligué pour créer le moment présent.

En psychologie, il existe une école dite de thérapie cognitive. Elle affirme que l'outil de changement le plus puissant de l'être humain se trouve au niveau de ses croyances et de ses principes. Nous souffrons parce que nous nous sommes trompés sur nous-mêmes (« je ne mérite pas le bonheur », « rien ne fonctionne jamais pour moi ») et parce que en nous accrochant à nos erreurs nous voilons la réalité. La thérapie vise à modifier ces idées erronées à l'aide d'idées plus réalistes (« je mérite le bonheur », « tout fonctionne très bien »). Cela est vrai également sur le plan spirituel. Remplacez des idées erronées par de vraies pensées, et l'illusion fera place à la réalité.

Cette démarche est possible parce que l'esprit crée à la fois l'illusion et la réalité. Vous avez le choix. Une fois que vous aurez accepté cette notion de mouvement perpétuel, vous serez en mesure de percevoir la base immuable de l'existence, soit l'Être éternel qui constitue l'étape vers un changement éternel.

14. Car là où deux ou trois sont assemblés en mon nom, je suis au milieu d'eux

Mise en pratique de la leçon – Le pouvoir spirituel croît à mesure que les gens se réunissent.

Dans toutes les traditions religieuses, les gens prient en groupes. En Inde, le mot *satsang* renvoie à cette réalité : la vérité croît surtout quand elle est partagée. Dans la tradition chrétienne, le mot « communion » est de même nature. Jésus parle au nom de l'Esprit ou de Dieu lorsqu'il annonce qu'il sera présent chaque fois que des gens se réuniront en son nom. Si l'on interprète ces paroles de façon littérale, on passe à côté du message : tout groupe qui communie au nom de l'Esprit est agissant, même s'il n'invoque pas le nom de Jésus.

Que signifie cette notion voulant que l'Esprit soit présent ou qu'il devienne plus fort dans un groupe ? Il est bien connu qu'en dynamique de groupe les convictions se raffermissent lors des réunions. On y décourage la dissension. On s'appuie beaucoup sur la conformité. Nous avons tendance à voir ce phénomène comme une menace à cause des mouvements politiques et religieux extrémistes ; mais, plus profondément, ce que vous et moi tenons pour la réalité se fonde sur l'entente que nous partageons. La réalité n'est pas figée, elle nous est donnée. Partager des convictions et des perceptions constitue le matériau brut dont la réalité est faite.

En conséquence, lorsque des gens se réunissent en vue d'une croissance spirituelle, ils s'entendent, de façon silencieuse ou verbale, pour devenir des cocréateurs. Pour en arriver à cela, leurs activités se tiennent à plusieurs niveaux :

De nouvelles convictions sont exprimées et acceptées.
Les esprits reconnaissent certains faits et en rejettent d'autres.
Un sens des responsabilités communes se fait jour.
Un nouveau vocabulaire est créé et adopté.
Des liens se créent sur le plan émotif.
À un degré subtil, les esprits s'accordent.

Cet ensemble d'activités ne se limite pas aux mouvements spirituels, bien qu'on les voie déjà à l'œuvre dès les débuts du christianisme. En effet, l'Église des premiers siècles fixe son attention sur deux convictions de base : Jésus est le Messie, et Jésus est ressuscité des morts. Ces croyances constituent la base de la communion. Une fois cette conviction arrêtée, les cocréateurs ont construit l'immense édifice que nous appelons le monde chrétien.

En ce moment, vous avez la même possibilité d'être cocréateur. Tout ce dont vous avez besoin, c'est de la conviction que la connaissance de Dieu peut être atteinte. Lorsque ce principe est établi, le groupe réuni en vue de réaliser cet objectif commence à bâtir une nouvelle réalité. En temps et lieu, cette création peut devenir aussi immense que le monde chrétien. Mais cet aspect-là est imprévisible. Une chose est certaine : la puissance spirituelle nécessaire à la connaissance de Dieu grandira.

Exercice – Trouvez d'autres personnes qui partagent votre recherche de la connaissance de Dieu et réunissez-vous. Je sais que cette démarche peut sembler énorme, car elle dépasse largement tout ce que l'on peut considérer comme un simple exercice. Communier avec d'autres implique un engagement et une volonté de mettre au jour ses aspirations les plus profondes. Cette action exige que l'on mette de côté son conformisme sociétal et que l'on trouve des âmes avec lesquelles on peut s'accorder, même si on n'a aucun lien social avec elles. Plusieurs personnes ne veulent pas relever ce genre de défi. Elles préfèrent fouler seules le chemin parce qu'elles se méfient des mouvements religieux et parce que le fait d'exposer leur vulnérabilité en public les embarrasse.

Je pense que l'on peut surmonter une grande partie de cette peur en mettant de côté le modèle religieux. Se réunir sur le chemin de la spiritualité, ce n'est pas comme faire partie d'une secte. Il n'y a pas de dogmes, de prières, de rites, de prêtres ni de saintes écritures. Personne n'est au-dessus des autres. Si vous pensez que le mot « spirituel » évoque l'un ou l'autre de ces éléments négatifs, c'est que vous mêlez doctrine religieuse et croissance spirituelle. Ce sont deux choses différentes, et nous avons un besoin indéniable de nous réunir pour poursuivre des objectifs spirituels.

Mon instinct me dicte de suivre le modèle du *satsang*, qui est un simple rassemblement dans le but de discuter de vérité. Dans une église, les gens sont acceptés dans la mesure où ils se plient à un ensemble de règles et de croyances. Dans le *satsang*, n'importe qui manifestant un amour pour l'esprit peut se présenter ; il n'y a aucune obligation, car il ne s'agit pas d'une organisation ayant un programme officiel. Un *satsang* peut même être silencieux, ou faire alterner méditation et discussion. Ma préférence va à la formule où l'on demande à une personne de parler, à une autre de commenter, avant de passer à une discussion de groupe. Il n'y a pas de débats, de contestations, de sermons, et aucune tentative de prosélytisme. Le seul but est de laisser l'esprit grandir. Les mots ne servent qu'à cela.

Si ce modèle vous agrée, il est facile de le mettre sur pied. Trouvez une personne qui vous convienne et déterminez le moment où vous partagerez vos expériences spirituelles. Essayez de voir si votre vision plaît à cette autre personne. Le cas échéant, laissez au *satsang* le loisir de se développer : incluez-y une autre personne. Mais les groupes grandissent mieux lorsque la croissance est spontanée. Vous voudrez peut-être vous joindre à un groupe existant. Si c'est le cas, soyez aux aguets. Si vous y entendez proférer des préjugés, des convictions figées ; si un leader utilise un vocabulaire particulier et si vous décelez dans le groupe des signes de prosélytisme, passez votre chemin. Certains pièges guettent les mouvements organisés, mais ce n'est pas une raison pour nier combien il est important de partager la vérité. Par définition, la connaissance de Dieu est inclusive.

15. Et que sert-il à un homme de gagner tout le monde, s'il perd son âme ?

Mise en pratique de la leçon – Garder toujours à l'esprit votre vision spirituelle.

L'ordre du monde n'a pas changé depuis l'époque du Christ. D'une part, il y a les exigences matérielles de l'existence – argent, situation, famille, carrière, etc. –, d'autre part, les exigences de la vie spirituelle. Jésus a établi une division très nette entre les deux. Il décriait l'argent et les biens : il voyait le travail et la famille comme des éléments incompatibles avec le cheminement spirituel. L'Église a suivi ses pas. Le très petit nombre de chrétiens qui arrivent vraiment à laisser tomber les avantages de la vie matérielle pour suivre Jésus atteignent une sorte d'idéal. Les autres, en revanche, en restent éloignés.

Je doute cependant que Jésus ait voulu exclure. Ne dit-il pas qu'il est venu pour les brebis galeuses, les fils prodigues, les déchus, les désaxés ? Tous les êtres sont inclus dans sa vision de la rédemption. L'essentiel est donc d'adhérer à cette vision, non de faire le compte de nos biens matériels. Jésus recourt constamment au langage du négoce pour décrire la croissance spirituelle (profits et pertes, accumulation de capital, engrangement pour l'hiver). Selon moi, il savait qu'il devait utiliser ces mots et ces valeurs pour persuader ceux qui l'écoutaient qu'il était de leur intérêt d'entrer dans un monde nouveau.

La situation est la même aujourd'hui. Notre fixation sur des objectifs matériels constitue un obstacle à l'entrée dans ce monde nouveau. La solution à ce problème est simple : nous devons nous accrocher à notre vision. Le monde exerce constamment des pressions sur nous pour que nous nous conformions à ses valeurs, alors que l'esprit, lui, n'exerce aucune pression pour que l'on se conforme aux siennes. La croissance spirituelle est foncièrement graduelle, invisible et aisée, cependant, contrairement à l'enfant qui n'a pas à se rappeler qu'il doit grandir, la personne qui marche sur le chemin de la spiritualité a besoin de se conforter dans ses nouvelles convictions et ses nouvelles valeurs. Le processus est fait d'errances et de retours dans la bonne voie. J'ai hésité à employer le mot « errances », car le fait que nous nous écartions de la voie est plutôt dû à une distraction ou à un oubli. N'oublions jamais que notre vision est un remède à l'oubli.

Exercice – Ce dernier exercice peut être adapté aux circonstances. Asseyez-vous et réfléchissez à la vision qui est la vôtre en ce moment. Examinez ce que vous recherchez sur le plan spirituel pour les mois ou l'année à venir. Notez les éléments les plus importants. Vous y inclurez peut-être les décisions suivantes :

Voir Dieu en tout être.
Communier avec ma famille.
Devenir plus compatissant.
Exprimer mon amour plus librement.

Ne surchargez pas votre liste. Il est préférable de choisir quelques décisions qui sont déjà à l'avant-plan dans votre vie intérieure. Par exemple, si vous travaillez sur la colère, dites-vous que cette démarche est plus importante qu'un élément lointain ou abstrait, comme voir Dieu en tout être. Ne faites pas de votre liste une liste de corvées spirituelles. Mettez-y au contraire quelques-unes des bonnes choses qui sont déjà présentes dans votre vie.

Lorsque vous aurez terminé votre liste – qui n'a pas à être longue, répétons-le –, mettez-la de côté pendant un jour ou deux. Revenez-y afin de bien vérifier que vous avez noté avec sérieux et sincérité vos objectifs les plus importants dans le moment présent. Une fois satisfait, placez votre liste dans votre portefeuille ou rangez-la dans un tiroir que vous ouvrez chaque jour. Revenez-y souvent. Le but n'est pas de vous bâtir un programme, mais de vous rappeler que vous devez rester en accord avec vous-même. Chaque fois que vous subissez de trop fortes pressions du monde matériel, consultez cette liste. Dites-vous que vous êtes un être spirituel en devenir ; que vous êtes dans ce monde, mais pas de ce monde. Servez-vous de la vie quotidienne dans un but plus élevé, non matériel. De cette façon, vous échapperez à votre vieille peur d'errer loin du bon chemin. La réalité est plus encourageante : vous vivez certes des vies parallèles qui convergent ou s'éloignent l'une de l'autre, mais si vous vous accrochez à votre vision, la convergence grandira jusqu'à ce que les lignes parallèles se rejoignent pour ne faire qu'une. Vous habiterez alors votre vision, et le monde qui vous entoure reflétera l'unité de votre corps, de votre âme et de votre esprit.

COMMENT S'OUVRE LA VOIE

LE VOYAGE spirituel vers la connaissance de Dieu est différent pour chaque personne. Rien n'est plus intime et personnel que notre propre conscience, et nous communiquons avec Dieu avec nos propres mots. Toutefois, il est possible de tracer les lignes générales du parcours :

Les débuts – De prime abord, nous voyons un immense gouffre entre Dieu et nous. De ce côté-ci du gouffre règnent l'erreur et la confusion, les conflits intérieurs et la souffrance. De l'autre côté, c'est la promesse que tout peut être guéri.

Jésus décrit la vie comme une lutte entre le bien et le mal, le mal étant un gouffre, un abîme. La bataille fait rage, dans cette lutte entre nos démons et nos anges.

Que nous acceptions ou non cette guerre comme étant la nôtre, la dualité de l'ombre et de la lumière façonne notre expérience au commencement du chemin. À l'intérieur ou à l'extérieur de la voie, nous nous disons tous que la souffrance va cesser, et pourtant, nous avons le sentiment désespéré que Dieu nous a oubliés, qu'il nous laisse à la merci d'un univers incertain.

Ce désir ardent est nourri par quelques aperçus occasionnels de la réalité supérieure. Les expériences plus profondes qui en font partie couvrent un large éventail, mais elles tombent dans des catégories simples : pensées, sensations, actions, paroles et l'être.

À tout moment, une personne peut découvrir Dieu à partir de l'un de ces niveaux, en apparence aléatoires. Le vide entre l'illusion et la réalité se ferme alors momentanément. La source des pensées, des sensations, des actions et des paroles est dans la conscience, qui est la base de l'existence. Le cinquième niveau, l'être, est la conscience elle-même, sans activité mentale. Je vous suggère ici plusieurs listes qui vous aideront à découvrir ce que la modification de votre perception produit à chaque niveau. Certaines de ces modifications peuvent paraître minimes et sans lien avec Dieu, mais il faut se rappeler que la conscience supérieure n'est atteinte qu'à petits pas – jusqu'à ce que le champ perceptuel tout entier ait changé.

Aperçus de la réalité

Pensées

- Les pensées négatives cèdent la place aux pensées positives.
- L'esprit se calme.
- La pensée devient claire et simple ; les nuages s'estompent.
- La certitude commence à effacer le doute.
- Les pensées obsessionnelles et compulsives lâchent prise.
- La mémoire n'est plus source de regrets accablants.
- On rêve à l'avenir.
- Des solutions aux problèmes apparaissent plus souvent.

Sensations

- Vous vous sentez plus confiant et plus positif envers vous-même.
- Vous vous sentez en sécurité en ce monde.
- Vous ressentez un sentiment d'appartenance ; vous n'êtes plus seul et isolé.
- Vous êtes détendu ; vous avez moins tendance à être agité ou trop vigilant.
- Vous découvrez que vous pouvez faire confiance.
- Vous sentez à vos côtés, très près, une présence plus grande que vous-même.
- Vous vous sentez plus léger, moins accablé.

Actions

- Vos activités deviennent moins chaotiques.
- Vous ne vous sentez plus bousculé ; les demandes extérieures ne vous agressent plus.
- Ce que vous désirez atteindre arrive en douceur.
- Vous ne vous démenez plus.
- Vous agissez plus calmement et ressentez moins de nervosité ou d'anxiété.
- Entre vous et votre entourage passe un courant de sympathie.
- Vous cessez d'écouter vos peurs, vos doutes et vos colères intérieures.
- Vous abordez les autres avec un sentiment d'engagement et non d'aliénation.
- Vous agissez de façon moins agressive ; la vie n'est plus une épreuve qui oppose « je, me, moi » à « eux ».

Paroles

- Vous commencez à parler avec votre cœur.
- Ce que vous dites provient d'une vraie réflexion.
- Ceux qui vous entourent comprennent, respectent et prêtent attention à ce que vous dites.
- Vous êtes davantage en mesure d'exprimer l'amour.
- Vous êtes moins sur la défensive ; vos paroles ne servent plus d'écran protecteur à votre moi intérieur.
- Vous aimez parler de façon positive.
- Vous perdez l'habitude de vous plaindre et de critiquer.
- Vous êtes capable de parler discrètement, et vous êtes courtois, du fond du cœur.

Être

- Vous vous sentez près de votre vrai moi.
- Vous êtes en paix avec les autres.
- Vous allégez l'atmosphère autour de vous.
- Vous appréciez tout simplement le fait d'être là.
- Vous entrevoyez le pur Esprit, ou Dieu.
- Vous ne dites plus jamais : « Je suis ».
- Vous vivez des moments de communion sacrée.

Le tournant – Un peu de lumière commence à briller dans l'âme prisonnière de la dualité. À la croisée des chemins, un événement crucial ébranle l'âme. La vie quotidienne s'interrompt – à cause soit d'une crise ou d'une révélation soudaine, soit des deux à la fois – dans ce que l'on décrit comme « la nuit noire de l'âme ». Pour les chrétiens, il s'agit du moment où le pécheur voit la lumière, mais la même chose se produit dans toute tradition religieuse : l'aveugle voit ; Dieu parle ; une présence sainte descend du ciel ; un poids accablant disparaît ; la délivrance apparaît au milieu du danger ; un monde sans amour irradie l'amour. Le nombre de ces éléments importe peu ; pour certains, il ne s'agit pas d'une expérience individuelle, mais d'une inspiration extérieure (un texte, ou un maître) qui leur donne la preuve de l'existence d'une réalité supérieure. Quelque chose de profond se produit à ce moment précis. C'est comme si l'on renaissait, non seulement parce que l'ancien moi disparaît, mais parce que le monde lui-même change, comme un kaléidoscope. Les yeux voient des couleurs plus brillantes, et une lumière cachée essaie de percer la fine membrane du monde. Les sons sont plus délicats ; la nature semble chanter. Les sensations ordinaires prennent une texture agréable, comme celle du velours ou de la soie, et se répandent sur le corps.

Aux yeux d'une autre personne, cette expérience peut sembler douteuse, ou n'être qu'une sorte d'hallucination. Jésus ne nie pas que ce soit parfois le cas ; mais il lui attribue une nouvelle valeur. Le salut est un aperçu de la réalité ; la perception commence à détecter l'illusion.

Les séquelles – La surprise ressentie quand on se trouve à la croisée des chemins disparaîtra inévitablement. Mais revenir à la vie terre à terre est comme vivre un désamour. Lorsque votre perception plus vive retourne à son état précédent, ce dernier lui semble bien ennuyeux. Dieu se retire et il se tait. L'amour quitte le monde, le laissant tel qu'il était avant. Ce sont les séquelles de toute révélation.

Certaines personnes arrivées à la croisée des chemins en viennent à désirer revivre la révélation. Mais lorsque aucun désir, aucune prière ni aucune imprécation ne réussit à la faire revivre, les séquelles peuvent être pénibles, voire désespérantes. Il est possible de contrer ce sentiment d'abandon de Dieu, mais comment ?

- Implorez la présence de Dieu.
- Ayez confiance, dites-vous que vous n'avez pas été abandonné.
- Relisez les Saintes Écritures afin d'y découvrir un nouveau mode de vie.
- Imitez Jésus.
- Joignez-vous à des gens qui ressentent la même chose que vous.
- Renoncez à votre vie d'avant et à vos vieilles habitudes.
- Abandonnez-vous, faites vos dévotions.

Je crois que l'Église des premiers temps est née dans la foulée de l'extase et que ses activités ont tout simplement adopté ces formules. Tout comme vous et moi rêvons à ce moment unique où le monde basculera vers la joie, les disciples souhaitaient le retour de Jésus. Ils savaient qu'ils ne pourraient pas le revoir physiquement (ce qui ne les empêchait pas de le souhaiter ; leur espoir s'est transformé en avènement du deuxième Messie et en résurrection des morts pour rencontrer le Christ), mais ils pouvaient recréer la vie qu'ils avaient menée avec lui. De cette manière, une blessure s'est refermée et une voie s'est ouverte. Mais il arrive, lorsque la présence divine disparaît, que seul le vide demeure. Une personne peut pleurer cette perte et se réfugier dans la solitude. C'est une tentation, comme l'envie de se noyer dans la nostalgie. Il n'y a alors d'autre choix que de chercher à recréer la grâce disparue. Toutefois, le geste le plus fort que l'on puisse faire, c'est de remplir le vide directement : retourner vers l'intérieur afin d'y trouver la paix et le silence ; se mettre à la recherche des signes spirituels ; prêter l'oreille aux conseils de l'âme ; rechercher sa propre essence ; découvrir la présence de Dieu ; faire disparaître les obstacles et la résistance intérieure ; modifier son allégeance à l'âme. Il n'y a rien ici d'incompatible avec la vie chrétienne. La période de l'« après » est difficile à vivre, et certaines personnes ne luttent pas ; elles se laissent plutôt séduire par la sécurité et le confort de la religion organisée. La perspective d'une voie intérieure leur semble trop mystique ou trop abstraite. En guise d'antidote à la voie de la facilité, explorons de nouveaux moyens de se sortir de ce marasme.

Se tourner vers l'intérieur – Je suis ahuri quand je pense au nombre élevé de personnes qui ne choisissent pas ce moyen de se sortir de leur marasme. Elles ont eu un aperçu de la conscience supérieure et elles s'en remettent à des activités extérieures, parfois même de façon frénétique ! Si nous examinons ce phénomène de plus près, nous comprenons aisément pourquoi. Les révélations sont des ouvertures, et plusieurs vivent cette expérience de manière négative. Ils sont secoués par un émoi intérieur, et ils cherchent à le faire taire.

De fait, cet émoi est un signe positif ; il s'agit d'un symptôme de ferment spirituel. Le fait de se tourner vers l'intérieur fait ressortir tout ce que l'on se refuse à voir. Fouiller l'esprit inconscient n'a rien de reposant, mais il n'est pas nécessaire de le faire. Certains moyens naturels peuvent faire jaillir la lumière du chaos. Entre autres, l'âme, qui est synonyme d'état permanent de paix et d'ordre. Ces états se consolident quand on enlève les obstacles qui entravent l'âme. La lumière n'a pas à naître de l'obscurité, il suffit de la laisser luire.

Se mettre à la recherche des signes spirituels – Les tournants permettent de véritables percées et mettent en branle un processus de transformation. Le moi supérieur, ou l'âme, sème des indices à chaque étape du voyage. Ces indices apparaissent sous des formes diverses, mais la meilleure façon de les reconnaître, c'est de les mesurer à l'aune de notre ancienne vie. Des éclairs d'extase passent ; ils durent un instant ou toute une journée. La peur et l'anxiété se dissipent. On a la certitude d'être en sécurité. Les événements s'emboîtent les uns dans les autres, et ils n'arrivent plus au hasard. L'amour est comme une présence au monde qui porte sa propre force. Ce sont là des indices de l'existence de l'âme.

Prêter l'oreille aux conseils de l'âme – Des indices disséminés ne suffisent pas à garder le chercheur sur le bon chemin. Le chemin spirituel comprend une suite d'événements. Dans ce cas-ci, puisque la connaissance de Dieu se trouve dans un état intérieur, les événements le sont aussi. On découvre, d'expérience, que le moi et la personnalité n'ont pas à dominer notre vie. Ce qu'ils représentent – et ce à quoi ils tiennent obstinément – fait place à une vision supérieure. Comme modèles de conscience divine, Jésus présente l'amour, la compassion, la paix, l'humilité et la connaissance intime de la vérité spirituelle. Tous ces facteurs sont bien loin de l'ego et de l'individualité, qui se concentrent sur des objectifs personnels limités, comme l'argent, les biens, la situation sociale et tous les comportements refoulés de peur et de colère.

L'attachement de l'ego à ses propres intérêts, qui s'appuie sur des années de conditionnement et sur une propagande intérieure, est tellement fort que l'on n'entend plus que sa voix, qui nous affirme que le choix spirituel est un choix désastreux. Il ajoute que nous serons vulnérables de tous côtés, que ce choix donnera carte blanche à la peur, à l'agression, aux ennemis de l'extérieur et à l'irrationalité. D'une certaine manière, cet avertissement est tout à fait juste, mais du seul point de vue de l'ego. La conscience supérieure sonne le glas de la conscience inférieure ; il est donc normal que le statu quo se défende bec et ongles contre sa propre disparition.

L'âme a un tout autre point de vue. Elle sait qu'elle est authentique et qu'elle n'a pas l'intention d'éliminer le moi et la personnalité. Transformation ne signifie pas guerre, et l'âme ne recourt jamais à la violence psychologique. Un enfant de trois ans n'a pas besoin de violence pour atteindre ses quatre ans, malgré tous les changements internes que cela implique. La connaissance de Dieu a besoin d'un grand changement intérieur, et pourtant elle agit aussi spontanément qu'un enfant qui apprend à lire. Le gouffre entre l'alphabétisation et l'analphabétisme est énorme ; mais les deux états n'ont rien en commun, de sorte que nous ne pouvons forcer l'un à se transformer en l'autre. Nous plaçons notre confiance dans le processus de développement. Il en va de même pour la croissance spirituelle. Plus elle est spontanée, plus elle est authentique.

Rechercher sa propre essence – Il semble que rien ne se passe au stade du développement de l'enfant. Lorsque votre bambin de trois ans dit : « Ah ! je viens d'avoir une idée de ce qui se passera quand j'aurai quatre ans », vous ne voyez aucun moment de révélation ou d'éveil dans ses paroles. Mais les apparences sont trompeuses, car des changements invisibles se produisent sous la surface. Lorsqu'ils porteront fruit, l'enfant saura consciemment que quelque chose s'est produit. C'est ainsi que les intérêts anciens tombent et que de nouveaux apparaissent. Un sentiment de plus grande confiance émerge, en même temps qu'une sensation plus nette du moi. Quel est l'équivalent de tout cela en termes spirituels ?

L'âme est la forme la plus élevée du moi. Elle ne se révèle pas de façon biologique, comme le cerveau ou le comportement d'un enfant, mais il y a tout de même des ressemblances. L'âme agit de l'intérieur et, lorsque son travail porte fruit, la conscience se modifie. Il serait erroné d'affirmer que les enfants sont les marionnettes de la biologie. Ils doivent participer à leur propre développement, prendre une part active dans l'exploration de leur monde et dans la découverte de leur potentiel. Si cela ne se produit pas, si l'enfant est inerte et passif, on est face à un autiste. C'est tout aussi vrai en spiritualité. Le chercheur doit prendre une part active dans le développement de l'âme, sinon c'est l'inertie.

J'hésitais à employer le mot « chercher », car il occulte la spontanéité de la croissance spirituelle tout en supposant que l'objectif loge à l'extérieur du moi. Les chercheurs ressemblent à des chasseurs qui organisent un safari pour attraper l'âme. Le chemin de la spiritualité est tout autre. L'objectif, toujours présent, se trouve à l'intérieur. Il est préférable de dire que l'on essaie de découvrir l'essence réelle du moi. Un jour ou l'autre, nous avons aimé, ressenti de la compassion, et nous avons posé des gestes désintéressés. Tous. C'est ainsi que le modèle de Jésus s'accorde à notre expérience personnelle. Nous connaissons la différence entre être éveillé ou endormi, à tout le moins de façon vague, et nous savons aussi qu'être éveillé est beaucoup mieux qu'être endormi. Cela procure une vie plus exaltante.

Malgré tous ces aperçus d'une existence supérieure, il nous manque la permanence. Les épisodes vont et viennent sans nous conduire à un changement final, définitif. Le prince et la grenouille habitent le même corps. La seule façon de parvenir à la constance est de continuer à chasser votre propre essence. Gardez à l'esprit que le vrai vous *est* amour, *est* vérité, *est* Dieu. Même si vous accomplissiez cette tâche herculéenne qui consiste à imiter Jésus à chaque instant de votre vie, le résultat serait artificiel si vous ne découvrez pas d'abord votre propre essence. Heureusement, l'imitation n'est pas nécessaire. En faisant disparaître les obstacles et les résistances qui masquent votre essence, vous vous révélerez à vous-même. On ne peut détruire l'essence, qui est permanente ; on ne peut que la masquer. Elle attend patiemment le jour où vous vous éveillerez à ce que vous êtes réellement.

Découvrir la présence de Dieu – Tout invisible que soit le processus spirituel, il n'existe pas totalement à l'extérieur des sens. Vous devez être capable de faire la différence entre le progrès et le manque de progrès. La présence de l'âme attire la présence de Dieu. Les gens en parlent de différentes façons : comme d'une sensation de légèreté ; de joie intérieure ; de tranquillité d'esprit inébranlable ; et ainsi de suite. Il s'agit d'une expérience personnelle et insaisissable. Mais il est nécessaire d'y déceler des indications palpables indiquant que la transformation est en train de s'accomplir.

Quelques-uns de ces indicateurs sont évidents. Une personne qui est en proie à la peur et à l'anxiété s'en rend bien compte. Lorsqu'un aspect négatif de vous-même s'améliore, vous avancez sur le chemin. En revanche, sachez que l'âme n'est pas votre thérapeute. Certaines personnes atténuent leur anxiété et leur colère refoulée à l'aide de psychotropes, et non par la voie spirituelle. Le matériel et le spirituel se confondent au point où la recherche de Dieu est devenue une sorte de thérapie fourre-tout, dont l'objectif sert uniquement à se débarrasser d'un malaise intérieur, comme la tristesse, la dépendance ou la solitude.

Ce sont des objectifs louables, et vous devez certes faire en sorte de vous libérer de votre douleur intérieure, mais ce n'est pas la même chose que de découvrir votre propre essence. La plupart des gens visent tellement le positif qu'ils peuvent être aisément bernés. Ils croient que quelques doses de Jésus mêlées à une prière fervente leur apporteront amour et indulgence. Les fondamentalistes parlent de l'amour inconditionnel de Dieu, mais ils refusent de reconnaître leur propre intolérance, leur colère cachée et leurs peurs non assumées. Je ne montre personne du doigt, mais lorsqu'un scandale éclate à propos d'un évangélisateur qui cache ses péchés secrets, l'écart entre ses paroles et ses actes apparaît au grand jour. Les gens qui vivent dans des maisons de verre ne devraient pas brandir les écrits sacrés.

Ces épisodes malsains révèlent qu'on ne fait jamais vraiment disparaître les obstacles intérieurs. Le processus est jalonné de pas en avant et en arrière. On ne peut s'attendre que Jésus efface tous les péchés d'un seul coup. Cependant, peu à peu, le péché – et la culpabilité ressentie à l'idée d'être imparfait, malfaisant ou incapable de montrer le meilleur de soi – cède la place à la vertu et au bonheur de découvrir que le moi existe et est en voie d'apparaître. L'existence humaine est un mélange de perfection et d'imperfection.

Faire disparaître les obstacles et la résistance intérieure – Les pas en avant et en arrière sur la voie spirituelle ne sont pas parallèles à l'apparition et à la disparition de l'âme. Quelle qu'en soit notre perception, l'âme est toujours présente. Pourquoi vacille-t-elle ? Pour celui qui est profondément religieux, la réponse est d'ordre moral : nous sommes tous des pécheurs qui succombent à la tentation. Toutefois, sur le plan de la conscience, nous ne nous tournons pas d'abord vers l'aspect moral, en même temps que vers la culpabilité et la honte que le sens moral engendre. En premier lieu, nous devons regarder l'esprit, dans lequel se trouvent plusieurs obstacles. Lorsque l'esprit résiste, les obstacles cachent l'âme. En d'autres mots, nous devons consacrer le temps que nous passons sur la voie spirituelle à découvrir notre propre résistance intérieure et à la faire disparaître progressivement. L'échange avec Dieu est une illusion ; le véritable échange se produit grâce à notre propre conscience.

Être un enfant de Dieu n'est pas la même chose qu'être un enfant tout court. Quand un enfant est en âge de marcher, on ne peut pas dire que la faculté de marcher soit déjà présente chez lui. L'expérience accélère la croissance spirituelle. Il y a trente ans, l'électroencéphalogramme de personnes en train de méditer a démontré que, chez elles, les ondes cérébrales se modifiaient, plus particulièrement les ondes alpha. De nos jours, les chercheurs sont en mesure de faire la preuve que le prétendu câblage du cerveau peut subir des changements permanents à la suite de méditations prolongées, comme celles des moines tibétains dans leurs monastères. Essentiellement, les centres neurologiques qui s'illuminent, sur une imagerie à résonance magnétique, chez une personne atteinte d'un stress soudain ne s'illuminent pas chez les personnes qui méditent pendant de longues périodes. Chez ces personnes, les centres neurologiques de la colère, de l'anxiété, de l'inquiétude et des réactions de lutte et de fuite semblent inactifs. Ainsi, le corrélat physique à l'expression « la paix qui dépasse l'entendement » peut être observé.

Cela dit, il ne faut pas croire que cheminer vers la spiritualité endort le cerveau. Jésus parle de réveil, ce qui sous-entend une plus grande conscience intérieure. La conscience de l'essence est chose subtile, sinon nous en serions déjà conscients. En reconnaissant nos propres limites, un processus d'expansion s'enclenche à mesure que les anciennes barrières tombent. Nous savons qu'il ne s'agit pas là d'une illusion créée par la chimie cérébrale, parce qu'à mesure que la résistance s'amenuise, des possibilités cachées émergent. Ainsi, une personne peut soudainement ressentir de l'amour et l'exprimer. Les connaissances intuitives nous révèlent de nouvelles vérités à propos de nous et de la vie. En d'autres mots, notre existence devient plus significative. Il s'agit de l'indice le plus fiable vers la croissance intérieure, et non pas de l'arrivée de la paix en soi, ni même de la disparition des démons personnels. Ce sont là des changements importants, mais à moins que le sens ne s'épanouisse en parallèle avec l'approfondissement de la vision, le seul changement qui pourra se produire intérieurement est la guérison.

Modifier son allégeance à l'âme – Aussitôt que vous aurez suffisamment d'indications vous montrant que le chemin de la spiritualité existe et que vous lui appartenez, il sera temps de procéder à un changement majeur en faisant passer votre allégeance envers le moi à une allégeance envers l'âme. Mais cela ne veut pas dire que vous deviendrez un saint du jour au lendemain ! En outre, il n'est pas nécessaire d'abandonner tout ce qui n'est pas d'ordre spirituel. La démarche est beaucoup plus subtile. En fait, c'est comme si vous signiez un contrat tacite. Dès la naissance, nous avons un contrat avec le moi. Le « je, me, moi » domine notre vie. Le moment est venu de changer en profondeur les termes de ce contrat.

Dans une certaine mesure, il est difficile de décrire ce changement à cause des limites du langage. Les notions de « petit moi » et de « moi inférieur » renvoient à des jugements de valeur négatifs. L'expérience, que les mots sont impuissants à décrire, touche à l'expansion des frontières et au sentiment d'une perte limitée du moi. L'ego ne peut accomplir les changements nécessaires, et tant et aussi longtemps que vous lui prêterez votre allégeance, ils ne se produiront pas. L'idée de la liberté vous séduira, mais vous serez incapable de sortir de votre prison.

Jésus était un maître simple qui faisait voir la réalité cachée de l'âme de façon terre à terre. Il savait que le naturel et la simplicité étaient les pierres de touche de la sagesse.

Tout simplifier

- Appréciez vos expériences, mais ne tentez pas d'en devenir les propriétaires.
- Évitez de parler du chemin comme de votre chemin.
- Laissez les choses aller et venir sans vous attacher à elles.
- N'essayez pas de faire croire que vous êtes plus positif que vous ne l'êtes en réalité.
- Ne surestimez pas vos expériences, ni face à vous-même, ni face aux autres.
- Partagez le chemin uniquement avec des gens en qui vous avez confiance.
- Dites merci avec simplicité.
- Ne laissez pas vos expériences vous isoler des autres ou vous mettre au-dessus d'eux.
- Ne vous prenez pas pour un saint.

Pensez à la vie de Jésus et vous verrez qu'il a mis en pratique toutes ces consignes, allant jusqu'à renier quiconque se montrait servile à son égard. Il a pris ses distances par rapport à ses miracles et il a vécu dans une humilité exemplaire. Et pourtant, sa connaissance de Dieu était si fervente qu'elle a changé le cours de l'histoire. En fait, l'une des splendeurs de l'héritage chrétien est l'étonnante dichotomie entre l'humilité de Jésus et son exaltation.

Je sais que certains maîtres spirituels décrivent l'ascension vers une conscience supérieure comme une lutte – parfois héroïque. Ils considèrent la « mort de l'ego » comme la seule possibilité de progrès. Était-ce là le point de vue de Jésus ? Les Évangiles nous disent que Jésus nous prévient contre Satan, qu'il appelle souvent le Mal. Mais la plupart du temps, Jésus éloigne l'attention de ses disciples de la lutte. Il dit qu'une foi toute simple suffit pour aller au Ciel. Il parle de la rédemption par la grâce de Dieu comme d'une prière toujours exaucée.

Jésus lui-même renonce à Satan pendant son séjour dans le désert. Cet épisode illustre bien le fait que le combat contre le diable doit être le point central de la vie chrétienne. Si Jésus a su se préserver de la tentation, pourquoi en serait-il différent pour nous ? Matthieu, Marc et Luc décrivent tous la tentation du Christ, qui constitue un épisode crucial de sa vie, car en renonçant au Mal il a refusé d'accepter la domination du monde en termes matériels. Le Messie s'est vu offrir de régner sur le monde, et il fallait être le Messie pour y renoncer.

Comme le dit Marc – dont l'Évangile sert de base à ceux de Matthieu et de Luc –, Jésus venait tout juste d'être baptisé par Jean-Baptiste. L'Esprit-Saint venait de descendre sur lui « comme une colombe ». Alors, une voix venue du ciel a dit : « Tu es mon Fils bien-aimé ; en toi j'ai mis toute mon affection » (Luc 3, 22). Tout de suite après, l'Esprit-Saint a conduit Jésus vers le désert, où il a été tenté par Satan. « Il était avec les bêtes sauvages, et les anges le servaient » (Marc 1, 13).

En d'autres mots, dès l'instant où Dieu démontre que Jésus lui appartient, Satan veut s'emparer d'une partie de Jésus. C'est un combat pour obtenir son allégeance. Rappelons-nous la gageure entre Dieu et Satan à propos de l'âme de Job, dans l'Ancien Testament – autre rappel mythique qui nous aide à qualifier Jésus de Messie. Matthieu livre beaucoup plus de détails que le récit dépouillé de Marc : Jésus jeûne pendant quarante jours, tandis que le diable tente de conclure un marché avec lui.

D'entrée de jeu, le tentateur présente du pain à Jésus affamé, qui lui répond : « L'homme ne vivra pas de pain seulement, mais de toute parole qui sort de la bouche de Dieu » (Matthieu 4, 4). Le diable est bien connu pour utiliser les Saintes Écritures à ses propres fins. Et c'est précisément ce qu'il continue à faire : il s'envole avec Jésus au sommet du temple de Jérusalem et le défie de sauter : « Il donnera des ordres à ses anges à ton sujet et ils te porteront sur les mains, de peur que ton pied ne se heurte contre une pierre » (Luc 4, 10-11).

Il est évident que l'auteur de cet Évangile a imaginé cette bataille de citations pour la raison habituelle : relier Jésus à la tradition juive – une sorte d'idée fixe chez lui. Pour être reconnu comme le vrai Messie, Jésus doit accomplir les anciennes prophéties. À la deuxième tentation, Jésus réplique : « Il est aussi écrit : "Tu ne tenteras point le Seigneur, ton Dieu." » Enfin, comme offre finale, Satan amène Jésus au sommet d'une montagne et lui fait voir les royaumes du monde qui s'étendent à leurs pieds : « Si donc tu te prosternes devant moi, elle [la puissance] sera toute à toi. » Mais Jésus reste fidèle au rôle qui lui a été assigné et dit : « Arrière, Satan ! Il est aussi écrit : "Tu adoreras le Seigneur, ton Dieu, et tu le serviras lui seul." » Sur ce, le diable quitte Jésus, puis des anges descendent et le servent. Contrairement à Marc, qui condense en un seul verset la tentation du diable et les anges servant Jésus, on a l'impression que Matthieu et Luc ont ajouté quelques détails supplémentaires pour faire valoir leur point de vue – car ils trouvaient sans doute que c'était le meilleur endroit pour ce faire.

L'idée, derrière tout cela, était de relier inexorablement Jésus à la tradition juive. Les quarante jours de Jésus dans le désert évoquent le Déluge de quarante jours subi par Noé. Le désert rappelle le lieu d'errance des Israélites après que Moïse les a libérés d'Égypte. Cependant, la tentation n'est pas qu'un regard vers l'arrière, c'est aussi un coup d'œil vers l'avant – destiné à établir un modèle pour d'innombrables croyants, voire les saints les plus purs, qui sont tentés de quitter Dieu et de se jeter dans les bras du péché.

D'une façon plus crédible, voire universelle, l'épisode du désert apparaît comme un test d'allégeance entre le monde matériel, dominé par le moi, et celui de l'âme, dominé par l'esprit. La plupart des chrétiens ne savent pas que, plusieurs siècles avant Jésus, Mara, le roi des démons, est venu tenter Bouddha sous l'arbre bodhi. Cette rencontre fut également mystique. Elle a eu lieu le soir où Siddhartha, prince devenu chercheur de vérité, est parvenu à la connaissance. Mara a offert à Siddhartha le même genre de domination du monde que Satan a offert à Jésus ; mais Mara se moquait de Siddhartha qui affirmait qu'il méritait d'être éclairé. Il a fait apparaître à ses yeux des illusions menaçantes, dont un défilé d'éléphants de combat et des nuées de démons. Même les trois belles filles de Mara ont été mises à contribution. Mais Bouddha a deviné la nature illusoire de ces flatteries, tout comme Jésus qui a dit : « Arrière, Satan ! »

La tentation du Christ ne reflète pas la réalité de la transformation dans nos propres vies. Savoir que vous êtes tenté par le diable ou que le mot « péché » décrit bien certains aspects de la nature humaine ne vous apportera rien de constructif. Il me revient à l'esprit une expérience personnelle à la fois troublante et émouvante. Au plus fort du scandale des prêtres pédophiles de Boston, on m'a invité à CNN pour une entrevue. Je me suis rendu au studio, sachant qu'on avait déjà jugé ces prêtres qui avaient violé leurs vœux et la loi en profitant de l'innocence de jeunes garçons. Mais personne n'avait souligné le fait que deux mondes s'entrechoquaient – ce qui me semblait être la source du problème.

D'une part, il y a le monde laïque et la loi de l'homme. D'autre part, il y a le monde chrétien et la loi de Dieu. Dans le monde chrétien, la pédophilie est un péché mortel. La personne qui le commet offense Dieu et doit implorer son pardon, qui lui sera accordé par l'intermédiaire du Christ, puisque tout péché peut être pardonné. Or, cette notion du pardon scandalise la plupart des gens, car la pédophilie est un crime dans le monde laïque ; quiconque le commet doit subir les foudres de la loi. En pensant à cela, j'ai failli faire demi-tour et ne pas me présenter à l'interview : je ne voyais pas comment réconcilier ces deux mondes. Accepter entièrement le monde laïque m'obligerait à faire fi du pardon. Nous sommes tous imparfaits, et aucun être ne peut traverser la vie sans espoir de pardon. Mais ce qu'il m'était encore plus difficile d'accepter, c'est que nos carences psychologiques soient étiquetées comme des crimes punissables avec toute la rigueur de la loi.

Je me disais que l'Église catholique manquait totalement de réalisme en ne reconnaissant pas la dimension psychologique entourant les abus commis sur des enfants. La spiritualité ne peut pas servir de refuge aux psychés tourmentées. Imaginons un jeune homme gai qui se tourne vers la prêtrise afin de faire taire des sentiments qui le remplissent de honte et des pulsions qu'il ne comprend pas. Sa décision ne lui apporte pas le salut ; elle ne fait qu'augmenter la honte. Les années passent. Il se rend compte qu'il a toujours les mêmes pulsions. Pis, elles s'adressent au même groupe qui le faisait fantasmer lorsqu'il avait douze ou treize ans – période incertaine où l'attirance vers des personnes de même sexe n'est pas nécessairement un signe d'homosexualité. Le prix de ce passage vers Dieu est lourd : aucune « guérison » ne s'est produite, ni psychologiquement ni spirituellement.

J'ai fini par me présenter au studio. Mais dès l'instant où j'ai émis la possibilité d'un conflit entre les deux mondes, l'animateur est devenu livide. Se penchant gravement sur son microphone, il m'a dit : « Vous n'excusez tout de même pas ces prêtres, n'est-ce pas ? » Je sentais bien qu'il ne voyait dans mes paroles qu'une bévue désastreuse et qu'il voulait me donner la possibilité de la réparer. Alors, j'ai répondu : « Non, je ne les excuse pas. La loi doit suivre son cours. » Après quoi, il a posé une question moins explosive à l'un des participants.

Avec le recul, je me rends compte que ce qui me tourmentait, c'était le sujet de l'allégeance. Notre esprit divisé n'a pas encore répondu à la question cruciale : « J'appartiens à qui, au monde matériel ou à celui de l'âme ? » Les gens qui veulent être près de Dieu s'imaginent souvent qu'on les met quotidiennement à l'épreuve afin de voir s'ils ne commettront pas un péché. Certains croient même que des pensées coupables peuvent à elles seules les jeter dans les bras de Satan. Le mot « péché » n'a aucune résonance dans le monde laïque, mais la culpabilité y éloigne les gens de l'âme parce qu'ils sont hantés par la conviction qu'ils ne méritent pas de marcher sur le chemin de la spiritualité.

L'emprise de la tentation, dans le sens chrétien du terme, est tellement forte que certains croyants en font un drame personnel. Lors d'une émission évangélique, j'ai entendu le récit d'un homme qui avait escaladé une montagne dans les Alpes suisses. Parvenu bien au-delà d'une forêt, il contemplait les vastes étendues montagneuses, lorsqu'il s'est rendu compte que le diable lui courait après. Des démons apparaissaient et venaient vers lui en hurlant et en grinçant des dents. C'est alors qu'il a aperçu, au loin, une de ces chapelles communes dans les Alpes. Il a couru vers elle en appelant désespérément Jésus. Une fois à l'abri, agenouillé devant le crucifix, il n'a plus senti que la présence du Christ. Tout comme dans les Évangiles, ce dernier avait ordonné à Satan et à ses laquais de quitter les lieux. Ce qu'ils avaient fait sur-le-champ.

Quelqu'un peut-il dire à cet homme qu'il a imaginé ce scénario de vie et de mort ? Que les démons qui le poursuivaient étaient le produit de sa conception du combat chrétien entre le bien et le mal ? Des images vives, cachées jusque-là dans sa mémoire, émanaient sans doute de ce qu'il avait entendu au catéchisme. Les neurologues nous disent que l'émotion constitue le ferment le plus fort de tout souvenir. C'est la raison pour laquelle nous pouvons nous rappeler le moment précis où notre mère nous a perdu de vue au supermarché, ou notre première excursion à bord d'un autocar scolaire. L'anxiété imprime certains souvenirs dans notre esprit, tandis que des événements de moindre signification affective s'y effacent.

Il ne fait aucun doute que le combat entre le péché et le salut fait naître de fortes émotions. Existe-t-il une histoire plus éloquente que la vie de Jésus ? Bouddha et Lao-tseu n'ont rien à offrir de comparable, et les aventures militaires de Mahomet, remplies d'escapades nocturnes et de batailles rangées, n'ont pas la douceur et la profondeur du parcours de Jésus depuis sa naissance miraculeuse jusqu'à sa mort sacrificielle. En comparaison, le chemin vers la connaissance de Dieu manque d'intensité. Comment un simple cheminement pourrait-il rivaliser avec la vie de Jésus ?

L'émotion n'est pas un guide fiable. L'activité la plus importante de l'esprit ne tourne pas autour du combat entre le bien et le mal, mais autour du passage du réel à l'irréel. La conscience est le siège où naissent les paroles, les pensées et les images, et celles qui nourrissent l'illusion bousculent celles qui révèlent la réalité. Dans ses propres mots, Jésus l'affirme lorsqu'il nous met en garde contre l'illusion du monde matériel. N'oublions jamais son enseignement, qui repose tout entier dans la nécessité de nous aligner sur Dieu, le seul être réel.

AU MILIEU DU VOYAGE

NOUS commençons à récolter les fruits de la vie spirituelle au milieu du voyage. À mesure que l'agitation diminue et que notre âme se rapproche du but, de profonds changements se produisent. Les révélations ne sont plus des explosions subites d'extase. Nous rapprocher de notre être spirituel devient une activité plus constante et plus subtile.

« J'ai pris la méditation très au sérieux dans la vingtaine, m'a dit un ami qui était sur le chemin de la spiritualité depuis trente ans. Je suis allé jusqu'à faire partie d'une communauté spirituelle où l'on se levait à l'aube pour méditer pendant plusieurs heures, et où l'on recommençait en fin d'après-midi, après notre travail. J'aimais ce genre de vie. Les gens se moquent de ce mode de vie, mais quiconque a plongé profondément dans le silence sait combien cette démarche est émouvante et épanouissante. J'avais l'impression d'avoir trouvé la paix.

« Il s'est passé beaucoup d'autres choses en moi. Mon ego a fait apparaître énormément de déchets que je ne voulais pas affronter. Sous mon amabilité, que les autres tenaient pour positive, j'ai découvert que j'entretenais de la colère et du ressentiment. Mon esprit ressemblait à un verre d'eau avec de la boue au fond. Curieusement, mon esprit me semblait plus clair avant de me joindre à la communauté, mais c'est parce que la boue était posée au fond. Puis elle a commencé à se mêler à l'eau, et tout est devenu nébuleux. Petit à petit, tout a fini par changer et la sérénité a récompensé mon travail ardu de nettoyage. »

Plusieurs images illustrent le processus de la croissance spirituelle. Si vous demandez aux personnes qui cheminent de vous les résumer, vous recevez des réponses de ce genre :

- J'entre en communication avec Dieu.
- Je vis au niveau de l'âme.
- Je n'ai pas beaucoup d'attachement envers mon moi.
- Je découvre ma propre vérité.
- Il y a beaucoup plus d'amour dans ma vie, et je suis en mesure de mieux recevoir cet amour.

- Je modifie mes anciens conditionnements et mes dépendances.
- Je me sens renaître.
- Je sais maintenant qui je suis vraiment.

L'une de ses réponses s'applique peut-être à votre propre cheminement. Mais on ne sent pas grandir à tous les instants. Il y a des moments où la croissance semble arrêtée, ou l'on a l'impression de ne plus pouvoir se concentrer. On vit alors des échecs décourageants, ainsi que de longues périodes stériles. En fait, c'est parce qu'on a atteint un palier. Mais on a la désagréable impression que l'on ne pourra pas aller au-delà. Le milieu du voyage est une période de récompenses et de frustrations tout à la fois.

Il n'y a pas qu'une seule façon de décrire le milieu du voyage. Ce qui est important, c'est de ne pas se laisser tromper et décourager par les hauts et les bas de ce même voyage. L'histoire que m'a racontée un professeur très versé dans le soufisme – le chemin mystique de l'islam – m'a beaucoup frappé. Cet homme avait atteint un degré remarquable de spiritualité, jusqu'au jour où la lumière a disparu.

« J'étais assis près ma femme à la table du petit déjeuner lorsqu'une pensée m'a traversé l'esprit. Je voyais une femme. Qui était-ce ? J'aimais profondément mon épouse, mais à ce moment précis je voyais une inconnue. J'ai tenté de faire disparaître cette image. En vain. J'étais troublé, décontenancé. Jusque-là, j'étais persuadé que j'étais en progrès constants dans ma communication avec Dieu.

« Puis je me suis rendu compte de ce qui se passait. Cela ressemblait à cette image : vous travaillez pendant des années pour escalader une montagne, puis vous arrivez presque au sommet et vous voyez Dieu qui vous tend la main. Vous vous dirigez vers cette main avec enthousiasme et, au moment où vos doigts rejoignent les siens, Dieu vous dit : "N'as-tu pas oublié quelque chose ?" C'est la surprise, car vous comprenez alors que vous avez peut-être atteint le sommet, mais que vous avez oublié d'emporter avec vous vos petits secrets honteux ou haïssables. Vous ne vouliez pas les emporter. Que vous reste-t-il alors à faire ? C'est simple, vous devez faire demi-tour pour aller chercher les orphelins et les enfants abandonnés qui pleurent dans le noir. Vous devez atteindre Dieu avec le meilleur de vous-même, mais aussi avec tout ce que vous êtes. »

Sur le chemin de la spiritualité, tout le monde fait face à de la résistance, et le succès dépend largement de la façon avec laquelle on affronte et renverse les obstacles. Voyons cela dans le détail.

Pourquoi résistez-vous à l'Esprit ?

Habitude – La nouvelle expérience ne concorde pas avec vos façons de faire et de penser. Dans son conditionnement, votre esprit s'accroche à vos vieilles façons de faire, et vous vous opposez au changement.

Mémoire – Votre passé éclipse le présent. Vous vous dites que vous connaissez déjà tout ce que la vie a à offrir.

Culpabilité – Vous reculez devant cette nouvelle expérience parce que vous voulez garder secrets vos péchés passés.

Perception de vous-même – Vous croyez que vous ne méritez pas de nouvelles expériences, car elles sont « trop bonnes » pour quelqu'un comme vous.

Colère, tristesse et peine refoulées – Les vieilles émotions dont vous ne vous êtes jamais vraiment libéré refont surface. Cela vous effraie et vous voulez les renvoyer dans leurs cachettes.

Perte de contrôle – La nouvelle expérience crée en vous angoisse et conflits intérieurs. C'est comme si vous n'aviez plus le contrôle sur votre vie, d'où votre panique.

Scepticisme et doute – Vous ne croyez pas que vos expériences existent parce que votre esprit rationnel refuse de les accepter.

Victimisation – Vous êtes habitué à décevoir les autres et vous avez de très faibles attentes. Vous vous imaginez que rien de bon ne sort d'une expérience, même si elle semble bonne sur le moment.

À première vue, tout cela ressemble à un éventail d'obstacles infranchissables ; mais, de façon pratique, vous n'avez pas besoin de recourir à des moyens héroïques pour les surmonter. Encore une fois, la clé, c'est la simplicité. Lorsqu'un sentiment ou une réaction négative se fait jour, cessez de vous y attarder comme vous le feriez pour un sentiment positif, et faites un choix. Les choix couvrent une foule de réponses. Chaque fois que cela sera nécessaire, essayez de découvrir celle qui vous convient le mieux. Les réponses suivantes peuvent être très efficaces :

L'attente patiente – Notez votre réaction négative et examinez-la pendant quelques instants. Soyez attentif à vos sentiments tels qu'ils se présentent, sans les juger ni tenter de les changer. Cette réponse est silencieuse, mais elle n'est pas passive. Vous effacez le choc du moment, vous adoucissez votre émotion de manière à ne pas agir de façon impulsive, ou à la mettre de côté. Vous la laissez se dissiper naturellement, à son propre rythme. Pratiquez aussi le renoncement. Ce sont là des réponses spirituelles profondes.

L'extériorisation du problème – Toute expérience négative de l'esprit fait partie de vous. Il ne s'agit pas d'une chose étrangère, ni du mal. Essayez de parler à votre peur ou à votre hostilité. Efforcez-vous de les comprendre. Essayez de savoir pourquoi le négativisme s'est manifesté à un moment précis. Abordez-le avec respect et sans peur. Vous n'avez rien à craindre, car, toute importune que soit une expérience négative, elle vous permet de prendre contact avec une partie fragmentaire de vous-même, avec un élément qui vous a échappé ou que vous avez caché. Parce qu'ils font partie de vous, votre colère, votre peur ou tout autre aspect négatif de votre vie veulent que vous les guérissiez. Extérioriser vos sentiments négatifs peut se révéler très utile. Cette démarche fait remonter à la surface tout ce à quoi vous êtes censé faire face.

Demandez à l'énergie sous-jacente de se dissiper – Tout négativisme ne cherche pas nécessairement à rester. Nous avons tous des moments d'humeur passagers et des émotions subites qui se retirent aussitôt. Demandez à l'énergie négative de se dissiper, mais, en premier lieu, donnez-lui l'occasion de dire ce qu'elle a à dire. Si vous songez à la peur, à la colère, à l'anxiété, à l'inquiétude et à d'autres réponses négatives comme à des messages plutôt qu'à des afflictions, elles « collent » moins. Elles perdent peu à peu leur caractère insistant, obsessionnel. Lorsque vous explorez véritablement l'ombre, vous découvrez que l'énergie est reliée à un message. L'énergie capte votre attention ; le message a quelque chose à dire. Chaque partie doit être entendue. Si vous essayez de vous débarrasser de la peur et de la colère sans connaître leur signification, elles grandiront et vous harcèleront. De même, si vous recevez le message sans chercher à décoder l'énergie à laquelle il est relié, les sentiments négatifs persisteront. En revanche, si vous écoutez le message et que vous vous attardez ensuite sur l'énergie, vous réussirez à vous libérer des réactions négatives les plus ancrées.

L'appel à l'aide – Votre esprit fonctionne à plusieurs niveaux. Aux échelons les plus élevés, vous avez plus de contrôle et d'autorité que vous ne l'imaginez. Il est important d'apprendre à faire confiance à votre moi supérieur invisible. Demandez de l'aide afin de faire disparaître l'énergie négative non désirée. D'aucuns s'adressent à leurs anges ou à leurs guides ; certains prient Dieu ; d'autres enfin font leurs demandes directement à leur moi supérieur. Selon vos croyances, n'hésitez pas à reconnaître que vous êtes dépassé et que vous avez besoin d'aide.

Les réponses physiques – Tournez-vous vers la sagesse de votre corps. Bien que l'esprit tente toujours de s'imposer et de prendre le contrôle, la vie reste une coentreprise de l'esprit et du corps. Comme aiment le dire ceux qui font travailler leurs muscles, le corps trouve en lui-même ses propres remèdes. Soyez donc à l'écoute de votre corps de façon à vous dégager de l'emprise des influences négatives. Ceux qui se débarrassent de leur stress en faisant de la marche ou de la gymnastique savent de quoi je parle. Mais d'autres mouvements corporels peuvent être mis à profit. Je connais des gens qui se secouent, tremblent, étirent leurs membres, et ainsi de suite : c'est leur forme d'exorcisme.

D'autres fredonnent, ce qui veut dire qu'ils chantent sur un certain ton tout en laissant leur corps porter ce ton plus haut ou plus bas. C'est très simple. Pour ce faire, étendez-vous sur le dos dans une position confortable et commencez à fredonner ou à chanter sur un certain ton. Lequel ? Cela importe peu : ce ton peut être bas, fort ou doux. Rentrez en vous-même et détendez-vous. Laissez le ton faire ce qu'il veut. Certains trouvent qu'un ton haut les aide à chasser le flou et la lourdeur qui encombrent leur tête. Ils atténuent ainsi leurs pensées et inquiétudes répétitives. Les tons plus bas semblent mieux fonctionner à la hauteur de l'abdomen. Mais ce ne sont là que des indications générales.

Toutes ces méthodes doivent être adaptées à la situation immédiate, et cette adaptation ne peut se faire que par le truchement de l'expérience. La première étape est toujours la même. Étendez-vous, ne bougez plus, commencez à fredonner ou à chanter, et voyez où cela vous mène. Le fait de fredonner de façon continue semble favoriser la libération d'énergies bloquées. Le rire et les pleurs fonctionnent pour à peu près tout le monde. Le rire a un effet tonifiant, tandis que les pleurs expriment la peine qui sous-tend la plupart des énergies négatives. On a tendance à penser que le rire et les pleurs sont des réponses émotives, mais ils ont également d'excellents effets physiques.

La respiration – Votre respiration change de rythme et de profondeur selon votre degré de détente et l'état mental dans lequel vous vous trouvez. Dans plusieurs traditions spirituelles, la respiration agit également comme lien avec les réalités supérieures : elle transporte l'énergie de sa source à la personne. Recourir à une respiration contrôlée pour se débarrasser d'énergies négatives non désirées peut également être utile. Voici deux exercices simples :

1. Étendez-vous sur un lit ou sur un tapis épais. Écartez les pieds et placez vos mains loin de votre corps, de façon à vous trouver dans une posture ouverte. Prenez de petites respirations régulières ; ne les comptez pas et ne les minutez pas. En expirant, sentez les énergies négatives couler, comme une vague légère. Lorsque vous vous sentez bien détendu, commencez à bâiller. Bâillez profondément. Sentez votre corps devenir de plus en plus détendu. Bâillez à plusieurs reprises, puis reposez-vous pendant quelques minutes. Si vous avez envie de dormir, ne luttez pas.

2. Étendez-vous dans la même posture. Après quelques instants, poussez un soupir. Envoyez-le aussi loin que possible dans votre abdomen. Puis relâchez tout, d'un seul coup. Vous permettez ainsi à votre souffle de couler de lui-même, sans utiliser les muscles de votre poitrine. Attendez un instant avant de répéter l'exercice. Demandez à chaque soupir de libérer les énergies emprisonnées. Après six à dix soupirs, reposez-vous un moment. Si vous avez envie de dormir, ne luttez pas.

Nous avons couvert un large éventail de techniques simples. Il vous faudra du temps avant de découvrir laquelle convient à votre situation. Restez souple ; sachez qu'une technique ne fonctionne pas tout le temps. Elle fonctionnera dans la mesure où vous serez patient avec vous-même. Un jour, vous aurez peut-être besoin de pleurer, et le lendemain, d'attendre patiemment ou de parler à votre moi intérieur. Il n'est pas question de vous débarrasser des vieux résidus rapidement, mais de vous brancher à eux d'une nouvelle manière. Au lieu de rejeter les fragments d'une expérience que vous appréhendez ou que vous n'aimez pas, vous devez tenir à eux comme à des parties de vous-même, et vous devez les traiter avec autant de respect que vous vous traiteriez vous-même.

Vous constaterez qu'il est également utile de connaître les réponses qui *ne fonctionnent pas.*

La rationalisation – Ne mettez pas votre négativité sur le compte d'un simple mouvement d'humeur. Ne vous dites pas que vous n'avez pas de temps pour ce genre de réponse, ou que c'est sans importance. Si un fragment de vous-même est remonté à la surface après des mois ou des années, dites-vous bien qu'il s'agit là d'un événement significatif.

L'ego – Lorsque vous ressentez des sentiments que vous n'approuvez pas, ne dites pas : « Ça n'arrive pas à des gens comme moi » ou « Je ne suis pas ce genre de personne ». À l'intérieur, vous êtes le miroir du monde entier. C'est un avantage, mais pas du point de vue de votre ego, qui ne reconnaît que les expériences qui renforcent sa foi dans le « je, me, moi ». Lorsqu'une expérience minimise le pouvoir de l'ego, elle l'éloigne par la même occasion. Si un sentiment ou une situation non désirée touche réellement un nerf sensible, l'ego réagit plus violemment ; il a de plus en plus souvent recours au rejet, au jugement, à la répression et au reniement. Ces tactiques sont, précisément, les obstacles que vous devez faire tomber. Ils ne servent qu'à vous engourdir et à vous insensibiliser.

La timidité et la peur – Les énergies négatives sont toujours reliées à la mémoire, car elles sont les traces qui restent de l'expérience passée. Ces traces sortent des ombres dans lesquelles elles sont entrées. C'est pourquoi, dès que vous affrontez une vieille colère ou une ancienne peur, vous voyez des images du passé et vous revivez des émotions enfouies depuis longtemps. Il est tentant de ne réagir que timidement et de s'y soustraire. Mais rappelez-vous que vous n'êtes plus la même personne qu'hier, et que vous ne pouvez plus réagir comme un enfant. Petit, vous n'aviez pas les outils nécessaires pour faire face à la perte, à la peine, à l'anxiété et à la solitude. Ce que vous ressentez au moment où les souvenirs expulsent leur énergie n'est qu'une ombre de ces souvenirs, et non la réalité.

La procrastination – Les énergies négatives choisissent rarement le bon moment pour apparaître, mais ne vous dites pas que vous vous en occuperez demain plutôt qu'aujourd'hui. Demain, elles ne seront plus que des souvenirs ; et vous ne verrez plus votre véritable essence intérieure. Il y a cependant une exception. Si votre négativité éclate à cause d'une autre personne, ne la dirigez pas vers cette personne. Cette dernière n'a fait que provoquer ce qui était déjà à l'intérieur de vous. Attendez d'être seul avant d'affronter votre négativité. Cela exige que vous preniez la responsabilité de vos sentiments. La manière la plus simple de le faire consiste bien sûr à extérioriser votre énergie négative en blâmant une autre personne, mais il est plus productif de faire face à la vérité qui vous dit que toute votre énergie négative est en vous, et non en quelqu'un d'autre. En admettant cela, vous pourrez guérir ce qui vous appartient en propre.

Changements d'humeur spirituelle

En fait, ce qui ressemble à une régression au milieu du voyage est plutôt un retour vers des régions de vous-même qui réclament votre attention. L'âme est immuable, seules les perceptions changent. Vous vous voyez faire un bond en avant, ou retomber en arrière. Vous trouvez la paix intérieure pour la perdre aussitôt. Vous cherchez à vaincre le découragement et la tentation afin d'accéder à la vie normale que vous meniez avant que la séduction de l'esprit ne vous prenne au piège.

Il est utile de se préparer à des changements d'humeur spirituelle et à apprendre comment réagir à ceux-ci. Une femme qui a pratiqué le yoga et la médiation pendant des années m'a dit un jour, très amère : « J'ai perdu tout ce temps à renoncer au monde et que reste-t-il de tout cela ? J'ai vieilli, je suis loin de ma famille et je lui parais sans doute très étrange. Je ne voudrais pas être impolie, mais où est le profit ? » Cette femme venait de briser ses liens avec un gourou indien et travaillait à temps partiel dans un bureau. Je lui ai demandé si elle avait remarqué en elle quelque signe de progrès spirituel. Après tout, elle s'était investie vivement dans ses pratiques.

« J'ai hérité d'une veilleuse, m'a-t-elle répondu avec ironie. C'est ainsi que je décris le scintillement bleu que je vois dans mon sommeil. Mon corps s'endort la nuit, mais mon esprit reste éveillé, environné d'une faible lumière bleue. »

Comme elle m'avait demandé mon avis, je lui ai dit : « Savez-vous ce qu'est réellement cette veilleuse, comme vous l'appelez ? Cela signifie que vous êtes témoin de votre propre conscience. Vous êtes éveillée intérieurement, même lorsque votre corps est endormi. Vous êtes parvenue à la source de l'esprit, ce qui constitue une immense réussite. Votre insatisfaction vous submerge en ce moment, mais elle ne devrait pas vous détourner de ce succès. »

Elle restait perplexe. Elle ne pensait pas, elle, qu'elle avait réussi. « Nous nous racontons toutes sortes d'histoires sur le chemin de la spiritualité, ai-je ajouté. Elles ont toutes un point commun : elles ne sont jamais entièrement vraies. Lorsque vous parlez au « je », qui est cette personne ? Le « je » âgé de trois ans, ou le « je » du jour de votre mariage ? Le « je » qui a trouvé une vision à poursuivre, ou le « je » qui se sent incapable d'atteindre cette vision ? »

Chaque moi est provisoire. Le « je » est temporaire et dépend de tout ce que le temps lui apporte : un jour, il naît ; un autre jour, il meurt. Le moi change constamment. Nous vivons tous cela, que l'on soit sur le chemin de la spiritualité ou pas. « La plupart des gens ne savent pas comment se sortir de l'incertitude de la vie, ai-je dit à mon interlocutrice. Leur maison spirituelle repose sur du sable. Pas la vôtre. Vous avez construit un édifice sur lequel vous pouvez compter, quels que soient les hauts et les bas de votre existence. »

Qu'importe si le « je » se sent vainqueur ou vaincu, euphorique ou découragé. Ce ne sont là que de simples fantômes en comparaison de la conscience elle-même. Tout émerge de la conscience. Le monde est un écran plein d'images, et la conscience est la lumière permanente qui émane du projecteur. À mesure que je parlais, la femme s'est radoucie et m'a demandé pourquoi elle était en proie à une incertitude aussi radicale. Comment pouvait-elle être aussi certaine de son âme un jour, et aussi incertaine de cette même âme le lendemain ?

« Parce que le vieux moi ne lâche pas prise aussi facilement », lui ai-je répondu. Tout serait plus facile si la recherche spirituelle se résumait à endurer une nuit sombre de l'âme – après quoi l'on se sentirait bien dans le lien que l'on a avec Dieu. Or, l'âme vit plusieurs matins sombres, plusieurs après-midi vagues, et plusieurs crépuscules ternes. Le milieu du voyage touche à tout ce que Jésus a enseigné à ses disciples à propos de la connaissance de Dieu.

La peur – Lorsque Jésus propose une vision du royaume de Dieu, il évoque un lieu sûr et ouvre la voie pour l'atteindre. Ce besoin fondamental est satisfait dans le royaume de Dieu. Si vous entreprenez le voyage avec crainte, Dieu restera très loin. Vous vous direz qu'il vous a abandonné et qu'il ne vous écoute pas. Ou peut-être qu'il vous punit au moyen de la culpabilité, des épreuves physiques ou de la maltraitance. Si vos difficultés sont extérieures (manque d'argent, chômage, isolement par rapport aux autres), vous ressentirez Dieu comme étant à l'extérieur, comme un juge qui manipule le monde à votre désavantage, qui pipe les dés contre vous. Si vos problèmes sont intériorisés (anxiété, dépression, culpabilité), Dieu s'intériorisera également. Il deviendra la voix punitive dans votre tête, le surmoi qui vous critique constamment. Rien de ce que vous faites ne sera jamais assez bon. Vous vous direz que vous méritez d'être une victime à cause de vos péchés.

Il est nécessaire d'affronter la peur quand on est sur le chemin de la spiritualité. Vous devez commencer par voir que vous empilez vous-même, couche après couche, toutes vos peurs. Lorsque je dis « couche », ce n'est pas comme une couche de peinture. La peur dont je parle s'enroule sur elle-même ; elle se sent comme « moi », ce « moi » qui a l'air bien réel et dont les anxiétés sont très convaincantes. Tant et aussi longtemps que ce sera vrai, les raisons de vivre dans la peur continueront à se présenter. La peur que vous entretenez est comme une vidéo qui projette des images de ce dont vous devez avoir peur. Même si les images disparaissent, vous restez quand même aux prises avec l'anxiété. On peut mesurer le progrès sur le chemin de la spiritualité de plusieurs façons, mais une diminution constante de la peur en reste le meilleur indice.

L'amour – L'amour pénètre dans l'espace où vivait la peur et la remplace. Le royaume de Dieu ne contient que de l'amour. Tout ce qui n'atteint pas cet idéal n'a pas été complètement transformé. Aux yeux de Jésus, le monde quotidien est un pâle reflet de l'amour divin. C'est la clé de l'un de ses enseignements les plus dérangeants :

> « Si quelqu'un vient à moi, et s'il ne hait pas son père, sa mère, sa femme, ses enfants, ses frères, et ses sœurs, et même sa propre vie, il ne peut être mon disciple. »
>
> (Luc, 14, 26)

Jésus semble ordonner à ses disciples d'abandonner toute relation intime, ce qui n'a pas de sens venant de quelqu'un qui demande par ailleurs que l'on aime ses ennemis. Comme nous l'avons vu si souvent, Jésus s'exprime en termes extrêmes afin de retenir l'attention de ceux qui l'écoutent : ici, il établit une très nette distinction entre l'amour ordinaire et l'amour divin. « Moi », c'est Dieu ; « venir à moi » signifie entrer dans le royaume de Dieu, autrement dit, la réalité de Dieu. Cette réalité n'est pas d'ordre physique ; on ne la trouve pas dans les relations terrestres, même les plus tendres. Si vous désirez connaître l'amour divin, vous devez le trouver dans son sens véritable, et non selon les termes auxquels vous êtes habitué.

Même exprimé en termes plus mesurés, il s'agit d'un enseignement révolutionnaire. Une personne ne doit pas commencer par l'amour quotidien pour diriger ensuite ce sentiment vers Dieu. Il est nécessaire de renverser complètement votre perception. Pour que ce renversement soit plus spectaculaire, Jésus a transformé le mot « amour » en « haine ».

Ailleurs, Jésus propose un chemin plus facile lorsqu'il dit à ses disciples d'aimer le Père. Lorsqu'il emploie le mot « père », qui revient très souvent dans les Évangiles, l'amour divin et l'amour terrestre semblent familiers. Cependant, le Jésus mystique considère le monde entier comme une illusion, ce qui fait de l'amour terrestre une illusion également. Maintenant, vous comprenez mieux le mot « haine » ; Jésus vous prévient contre ce type d'amour irréel qui vous berce et qui vous masque l'amour de Dieu. L'amour terrestre quotidien est irréel parce qu'il est changeant : il va et vient, et l'on peut vous en priver. L'amour quotidien repose sur le plaisir ; et lorsque vous détestez la personne qui vous aime, l'amour décline. Si votre amoureux vous trahit, l'amour disparaît entièrement.

Par contraste, l'amour divin est inconditionnel et sans attache – l'être aimé n'a pas besoin d'être fidèle, ni beau, pour faire plaisir ou se sentir désiré. L'amour divin est la présence de la lumière qui emplit chaque recoin de la Création avec la même intensité. En conséquence, les attentes, sur le chemin de la spiritualité, sont modifiées. La famille n'est plus le modèle de l'amour. Seul l'amour diffusé par la lumière mérite ce nom. Et pourtant, à la fin, lorsqu'on atteint la connaissance de Dieu, il n'y a plus d'exception. Plus vous vous rapprochez de Dieu, plus vous aimez toute chose, car sa création est devenue votre création.

Le royaume de Dieu est lumière pure, source d'amour dans son infinie variété. Le voyage vers ce lieu commence avec une envie de vivre l'amour le plus intensément possible. Les saints chrétiens disaient qu'ils étaient bouleversés, réduits en cendres, taillés en pièces par l'amour de Dieu. Quant aux Romains de l'ère païenne des derniers temps, êtres à la fois sophistiqués et terre à terre, ils souscrivaient aux religions sans souhaiter autre chose. Ils ne comprenaient pas les martyrs chrétiens qui entonnaient des hymnes devant les bêtes sauvages se préparant à les dévorer.

Au milieu du voyage, des moments d'extase jaillissent en même temps que des périodes où l'amour vous cerne de toutes parts. De tels épisodes se manifestent dans toute vie, il n'est pas nécessaire d'être sur le chemin de la spiritualité pour les connaître. Mais le chemin de la spiritualité tourne autour de tels moments, qui orientent vers l'accroissement de l'amour, ou qui remplissent les vides qui apparaissent quand on a perdu cet amour de vue. Annoncez votre intention d'atteindre le royaume de Dieu et, en retour, l'amour de Dieu vous amènera plus près de ce royaume.

Présence et plénitude – Comparé au royaume céleste, le monde matériel est vide parce qu'il y manque la présence de Dieu. La présence (que les gnostiques appelaient *pleroma*, qui signifie « plénitude » en grec) renvoie généralement à la totalité des pouvoirs divins. Se trouver en présence de Dieu, ce n'est pas comme entrer dans la salle du trône et s'incliner devant le roi – bien que ce soit ainsi que des chrétiens pieux imaginent ce moment. Ce n'est pas non plus une lumière qui vous signale que vous avez attiré l'attention de Dieu – bien que ce soit ainsi que certains chrétiens mystiques décrivent leur vision. La présence de Dieu est englobante : elle comprend à la fois le bien et le mal.

Pour nous, le milieu du voyage a trait à la disparition de la ligne qui divise le monde en deux. Peu à peu, la plénitude émerge. Cette plénitude est la présence de Dieu. Cependant, dans la mesure où notre esprit fonctionne de façon dualiste (soit en séparant l'ombre de la lumière, et le bien du mal), la plénitude de Dieu nous pose problème : nous avons peine à croire que Dieu est comme la pluie qui tombe indifféremment sur le juste et l'injuste. Nous ne voulons pas croire qu'il est présent chez le pécheur et chez le saint. Et pourtant, aucun être n'a plus d'importance qu'un autre être en présence de Dieu.

Jésus lui-même a dû trouver une façon de communiquer l'omniprésence de Dieu à un auditoire enclin à ne faire que des distinctions tranchées : d'un côté, Dieu, la loi et le ciel ; de l'autre, Satan, le chaos et l'enfer. Parfois, il mystifiait son auditoire en affirmant que la réalité divine était impossible à imaginer. La question qui se pose est de savoir comment atteindre la plénitude avec un esprit divisé et fragmenté, et un cerveau réfractaire aux distinctions.

Pour sortir de ce dilemme, il faut trouver les mots justes, voire la bonne idée. Les mots et les idées appartiennent à l'esprit actif. La présence de Dieu appartient à la conscience. Jésus a confondu les prêtres en disant : « avant qu'Abraham fût, je suis ». Ils ne comprenaient pas que le « je » était transcendant, et qu'il ne renvoyait pas à une personne. La crucifixion était inévitable, car Jésus n'avait aucun intérêt en ce monde. Il était prêt à donner sa vie – cette vie que les gens, justement, voulaient que Dieu protège. En d'autres mots, il a fait la preuve que parvenir à l'éveil signifie que l'on n'a plus besoin d'avoir un intérêt en ce monde.

Au milieu du voyage, nous échangeons nos désirs, nos peurs, nos espoirs et nos rêves matériels contre un état unique et serein. Dans cet état, le changement est secondaire, tandis que la stabilité est primordiale. À quoi ressemble la stabilité ? Il y a plusieurs réponses, selon la personne qui la décrit. Toutefois, il est plus facile d'attirer l'attention sur les aspects du changement qui commencent à disparaître :

- L'esprit cesse d'être fiévreux, impatient et obsessionnel.
- La menace du péché et du mal s'éloigne.
- Dieu n'est plus un être qui est ou bien affable, ou bien menaçant.
- L'attachement aux biens matériels s'atténue.
- L'idée « nous contre eux » devient moins séduisante.
- L'orgueil est moins nécessaire. À l'inverse, nous ne ressentons plus le besoin de nous considérer comme une victime.
- Les problèmes de statut social, d'argent et de possessions perdent de leur importance.
- L'amour n'est plus dirigé automatiquement vers ceux qui nous aiment ou qui répondent à nos fantasmes sexuels.

Sur un plan plus général, le moi ne se sent plus enchaîné. Les frontières commencent à disparaître, ces frontières qui servent à contrôler notre vie, à la censurer, et à exclure certains aspects de la réalité qui nous rendent mal à l'aise.

Sur le plan psychologique, seule une fraction des sentiments, des sensations, des pensées et des possibilités qui nous viennent à l'esprit y reste présente. Les mécanismes du reniement, de la répression et du rejet mettent les autres de côté. Le reniement dit : « Si tu ne le vois pas, ça n'existe pas. » La répression dit : « Si je le cache assez profondément, ça n'existe pas. » Le rejet dit : « Si je le renvoie avec colère, ça n'existe pas. » Lorsqu'on raffine ces mécanismes toute une vie durant – et même la personne la plus ouverte et la plus tolérante les raffine à un degré extrême –, la fenêtre pour laisser entrer Dieu devient minuscule. C'est en se rendant compte de cela que Jésus a parlé de Dieu (et de lui-même) comme d'un voleur qui se glisse dans une maison la nuit lorsque le propriétaire sommeille.

Le milieu du voyage ouvre la fenêtre quelques centimètres à la fois ; mais, même s'il s'agit d'un processus progressif, le moi résiste. Le plan du « je, me, moi » vise à créer une forteresse pour l'ego. Cette lutte pour maintenir à la fois protection et isolement s'explique à la période de l'enfance, lorsque le moi se développe. Si vous n'apprenez pas où commencent et finissent vos limites, vous serez comme un autiste qui pèse sur la vie de son entourage. Et même si vous n'allez pas jusqu'à cet extrême, vous dériverez sans but, incapable de définir votre objectif de vie.

Toutefois, l'ego a, à cet égard, commis une erreur. Les limites sont nécessaires à l'échelon le plus fondamental du moi. Mais dès qu'une personne s'y attache psychologiquement, la liberté disparaît. La porte qui tient Dieu à l'extérieur garde également le moi enfermé. Le mot « prison » apparaît 143 fois dans la Bible, chaque fois dans son sens littéral. Plus de la moitié des citations concernant la prison se trouvent dans le Nouveau Testament. Lorsque Jésus arrive et partage cette expérience, il la transforme. Il se prête à un emprisonnement physique dans le seul but de monter au Ciel. Il se libère du tombeau pour transcender la mort. En conséquence, lorsqu'il dit à ses disciples que la vérité les libérera, plusieurs interprétations sont possibles. Les disciples seront libérés de la persécution politique, de l'intolérance religieuse, des contraintes physiques et, le cas échéant, de la mort.

La liberté est englobante : elle nous met en présence de Dieu en nous libérant de l'illusion de vivre derrière des murs. L'ego ne pourrait jamais garder la réalité à l'extérieur de la clôture et ne laisser entrer qu'une partie de l'expérience. Les limites sont fictives ; elles servent les objectifs de l'ego, mais elles sont, ultimement, irréelles. Au milieu du voyage, il nous apparaît que nous pouvons être aussi libres que nous le voulons, sans limites. Cette découverte est tellement radicale qu'elle ne peut se concrétiser que progressivement. On a demandé à un gourou bien connu s'il est possible d'atteindre la connaissance rapidement. Il a répondu : « Cela peut se produire en trente jours, mais il faudra alors trente hommes pour vous maintenir au sol. »

Il est impossible de savoir si l'on est sur le chemin de la spiritualité ou si l'on en est encore éloigné. Mais le progrès est toujours marqué par le changement. Le chemin de la spiritualité ne concerne pas simplement le fait de se sentir mieux. Cela ne concerne ni l'identité, ni la fin des souffrances, ni la découverte de la paix, ni la guérison des blessures les plus profondes. Il s'agit d'une transformation si fondamentale que l'illusion se métamorphose en réalité. Jésus a survécu jusqu'à ce jour en tant que force dans le monde parce qu'il a incarné entièrement la vérité. Tandis que nous nous dirigeons vers la connaissance de Dieu, notre propre transformation ne doit pas s'arrêter à mi-chemin : nous ne pouvons espérer une vie meilleure, voire la meilleure des vies, si nous nous contentons d'entrevoir Dieu, ou même de l'avoir comme compagnon de tous les jours. L'état de la connaissance de Dieu représente un pas dans l'évolution humaine, un pas que vous et moi devons être prêts à faire personnellement. Le milieu du chemin de la spiritualité nous permet de faire ce bond en avant. Ce que nous découvrirons à la fin du voyage ne ressemblera en rien au monde dont nous nous sommes échappé.

LÀ OÙ L'ÂME NE MEURT JAMAIS

Comment se sent-on lorsqu'on parvient à la connaissance de Dieu ? Tout voyageur sur le chemin de la spiritualité se pose tout naturellement cette question. Le milieu du voyage ne ressemble pas à la destination. Le mélange de l'ancien et du nouveau se fondra, ultimement, dans un nouveau moi. Le péché n'existera plus. La grâce de Dieu abondera, et sa présence guidera chacune de nos actions. À tout le moins, il s'agit là de la promesse qui nous attire d'abord sur le chemin de la spiritualité – si notre objectif est d'atteindre la connaissance de Dieu, bien entendu. Une série complexe de changements s'opèrent lorsque la connaissance de Dieu se dévoile :

- La peur apparaît comme une illusion.
- On s'identifie à Dieu – les pensées et les désirs sont devenus de source divine.
- On sent que le monde nous appartient, car on en est le créateur, avec Dieu.
- Le monde « là-bas » renvoie immédiatement au monde « ici » – autrement dit, la réalité se regarde dans un miroir.
- L'amour se concrétise comme force suprême de l'Univers.
- Il n'y a plus de combat entre le bien et le mal.

Ces qualités s'épanouissent au fil du temps ; elles apparaissent d'abord sous forme d'expériences disséminées et d'éclairs de vérité, puis elles se multiplient. Imaginez une étude en laboratoire au cours de laquelle des chercheurs surveillent jour et nuit la conscience d'une personne – leur premier sujet –, lui demandant d'appuyer sur un bouton rouge dès qu'elle perçoit la présence de Dieu. Dans un état de veille normal, elle n'appuierait pas sur le bouton. Ce premier sujet n'est pas conscient de la présence de Dieu, et s'il ressent quelque chose de particulier qui ressemble à Dieu, il n'a pas de mots pour le décrire ; il n'a nullement l'impression d'être branché à une source supérieure.

Les chercheurs se tournent alors vers un deuxième sujet, une femme qui parcourt le chemin de la spiritualité depuis un certain temps. Elle appuie sur le bouton rouge plus souvent. On pourrait avancer deux raisons à cette attitude. Premièrement, elle a appris à identifier un état intérieur avec Dieu ; deuxièmement, elle s'attend que cet état perdure. Pourquoi ? Parce que son esprit a appris à remarquer des choses que les autres ne voient pas d'ordinaire ; et lorsqu'elle remarque quelque chose, elle peut mettre un nom sur ses sentiments. Ce nom, c'est Dieu. Ici, il convient d'être vague, car les réactions peuvent prendre différentes formes. Pour certaines personnes, la présence de Dieu signifie paix intérieure et tranquillité, tandis que pour d'autres, cela veut dire le contraire, c'est-à-dire une affluence subite d'extase qui rehausse toutes les sensations et les rend particulièrement intenses.

Nos chercheurs n'ont pas de préjugés ; ils acceptent qu'il puisse exister autant d'expériences qu'il y a de sujets. Au lieu de définir Dieu a priori, ils laissent les sujets le définir (tout en gardant à l'esprit que « le » n'est qu'un terme conventionnel et non pas une caractéristique de Dieu, qui se situe au-delà des genres). Par la suite, ils se tournent vers des gens qui se disent très près de Dieu. Il n'est pas nécessaire que ce soit des moines ou des prêtres. Ils peuvent provenir de tous les milieux, mais ils ont une chose en commun : ils semblent trouver Dieu dans une foule de choses. En fait, ces choses sont si nombreuses qu'ils appuient fréquemment sur le bouton rouge.

En fait, si vous observez les sujets, vous en découvrirez sûrement un qui appuie sans cesse sur le bouton. Cette personne croit être dans la connaissance de Dieu. Pour elle, il n'y a, entre la présence et l'absence de Dieu, aucun vide dans son expérience. Pour ce sujet, Dieu est une réalité constante, comme la respiration et l'état de veille. Qu'est-ce qui crée une telle personne ? Ici, je ne peux pas être vague, car un changement radical s'est produit. Il ne suffit pas d'appuyer sur le bouton rouge toutes les dix minutes, ou toutes les dix secondes pour être dans la connaissance de Dieu. Tant et aussi longtemps que l'esprit entre et sort d'une expérience ordinaire, l'ego reste présent.

Dieu et l'ego sont incompatibles. De prime abord, pourtant, ils semblent qu'ils soient compatibles. Nous pouvons tous distinguer les deux côtés de notre nature : d'une part, l'ego qui se consacre au monde extérieur et à toutes ses exigences ; d'autre part, le moi intérieur et personnel. L'ego tente de contrôler les deux côtés, mais il s'illusionne. Dans le monde extérieur, l'ego est en mesure d'inventer toutes sortes de situations où le « je » a une influence sur le résultat. Des pans entiers de notre vie – emploi, relations et statut social – appartiennent à son domaine.

Toutefois, il se passe beaucoup plus de choses à l'intérieur de nous-mêmes que l'image que nous renvoie notre ego. Nous sommes conscients de la beauté et de la vérité. Nous nous sentons guidés par des idées et des intuitions. À divers moments, nous ressentons qu'il y a quelque chose « au-delà ». L'ego ne crée aucune de ces expériences. En réalité, ce sont même ses ennemies. Tout ce qui laisse entrevoir la plénitude de la vie, toute expérience qui transcende le « je, me, moi » menace la domination de l'ego. Par définition, l'ego est une identité à part. Il désire certaines choses et en refuse d'autres. Il veut se lier d'amitié avec certains ego et se faire des ennemis de certains autres. La seule chose qu'il ne peut accepter, c'est que tout provient d'une seule source. C'est précisément ce message que Jésus a apporté sur la Terre et, bien qu'il l'ait appelé « Dieu » pour épouser le langage de son époque, les mots ne veulent pas dire la même chose que l'expérience.

Pendant des siècles, le christianisme s'est concentré sur les réactions provoquées par le message du Christ. Tous ceux qui étaient élevés dans la foi ressentaient la douleur de Jésus, constamment en butte à l'incompréhension, au rejet et à la persécution. C'est tout ce qu'il pouvait faire pour survivre, et cela n'a pas duré longtemps. Mais en se concentrant sur les réactions au message de Jésus, on passe à côté de ce message : son histoire devient alors un autre combat de l'ego – le sien contre celui de tous les autres (sauf une poignée de disciples qui avaient compris sa vérité). Nous devons plutôt fixer notre attention sur la vérité de Jésus, qui transcende l'accueil qui lui a été fait dans le monde matériel. Il y avait, dans d'autres religions, comme le bouddhisme, la même incompréhension, mais le terrain était plus ouvert à l'enseignement du maître. On n'a pas persécuté Bouddha, car les gens qu'il mystifiait le vénéraient, de toute façon.

Nous ne pouvons pas changer l'histoire du christianisme, mais nous la comprendrons beaucoup mieux si nous mettons de côté la persécution, qui appartient au monde de l'ego, où le combat entre l'ombre et la lumière constitue un drame perpétuel. En devenant un personnage public, Jésus est tombé dans ce drame, mais il n'en faisait pas personnellement partie. Cela est également vrai pour quiconque atteint la connaissance de Dieu. La plénitude finit par l'emporter. Il n'est plus question d'aller vers Dieu puis de s'en éloigner, de s'en approcher puis de s'en détacher. L'expérience de Dieu devient une constante, et cela pour une unique raison : « je » et « Dieu » ne font plus qu'un seul et même être. La vérité annoncée n'était pas un tissu d'idées ou de messages venus de Dieu, car les paroles de Jésus étaient le produit de son état d'esprit. Soyons très clairs à ce sujet : on ne peut pas réduire la connaissance de Dieu à de la psychologie. Ce n'est pas comme se sentir jeune, ou savoir qu'on est aimé. Si je ressens la présence de Dieu, c'est que, d'une certaine façon, je suis entré dans l'identité de Dieu et que je l'ai faite mienne. S'il n'en était de cette union, le message de Jésus ne serait pas révolutionnaire. Jésus serait tout simplement un individu parmi tous ceux qui aiment Dieu et se sentent proches de lui.

Pour être tout à fait digne de foi, un état de conscience supérieure doit être aussi différent de la conscience quotidienne que le sommeil l'est du rêve. Cela soulève des questions délicates. Si quelqu'un prétend ressentir la présence de Dieu, est-ce qu'il existe un test pour valider ses dires ? Ponce Pilate aurait sans doute libéré Jésus s'il avait utilisé un détecteur de mensonges. Mais il aurait pu tout aussi bien se dire qu'un homme qui a des hallucinations à propos de Dieu est un homme qui se raconte des histoires. La connaissance de Dieu résiste à l'analyse, car elle fait le pont entre deux mondes. Dans le monde matériel, une personne peut ne pas broncher d'un iota (empêchant ainsi un encéphalogramme capable de détecter la connaissance de fonctionner), mais si on met un bouton rouge sous ses doigts, elle ne pourra jamais signaler un moment où Dieu est absent. Cela est tout à fait à l'opposé de notre état de veille habituel. Pour colmater la brèche une fois pour toutes, nous devons entrer dans la connaissance de Dieu.

Le Nouveau Testament nous présente Jésus comme un exemple de ce à quoi ressemblerait une personne complètement transformée. Or, Jésus *n'est pas* celui à qui vous et moi ressemblerons une fois que nous parviendrons à la connaissance. Toutes les vies sont différentes, et c'est l'histoire de ces vies qui dicte ces différences. L'apparition de Jésus au Ier siècle se mêle aux persécutions des Juifs par les Romains. La destruction du second temple en l'an 70 a façonné l'histoire du Christ, tandis que le peuple juif et son espoir de salut divin étaient anéantis dans cette destruction. Les quatre Évangiles ont été composés après cette catastrophe, et il ne fait aucun doute que leurs auteurs voulaient y présenter Jésus et ses promesses comme le nouvel espoir pour l'avenir.

Aucun de ses éléments n'est pertinent de nos jours. Mais nous gardons pourtant les mêmes mots – péché, rédemption, salut, Messie – comme de vieilles pièces de monnaie usées. Aujourd'hui, le péché existe dans un contexte totalement différent et beaucoup plus confus. Le péché s'apparente-t-il au crime, à la santé mentale, à la croissance erratique du moi, au karma, à la nature ou à une combinaison génétique déficiente ? La rédemption n'est-elle qu'un état qui nous permet de nous sentir mieux, libérés de toute névrose et capables de réaliser notre potentiel ? Ou bien est-ce un moyen d'échapper à la fosse brûlante de l'enfer ? Il est faux de conclure que nos besoins spirituels sont identiques à ceux des gens du passé ; mais cela n'empêche pas les mots anciens de résonner dans nos têtes grâce à leur histoire.

Le sens poursuit son chemin

Chaque religion fait face au même problème. Si nous nous penchons sur la vie de Bouddha, qui a parlé de la connaissance en termes universels, nous découvrons que ses disciples étaient des analphabètes – des Indiens très pauvres du Ve siècle avant Jésus-Christ. Ils peinaient sur leur lopin de terre dès la naissance, mouraient jeunes et enduraient de grandes souffrances ; ils n'avaient aucun pouvoir sur leurs dirigeants politiques ou spirituels. (Il en était de même des Juifs de l'époque de Jésus, qui étaient soumis à une foule de tâches prescrites par le clergé.) Les circonstances de la vie des hindous, à l'époque de Bouddha, façonnaient leur chemin vers la spiritualité. Il est donc impossible de traduire en termes d'aujourd'hui la vision que Bouddha leur a présentée.

Il y a pourtant un phénomène que la connaissance de Dieu est en mesure de réveiller, c'est la magie de la découverte. Il n'y a plus d'endroits non explorés sur le globe, mais s'il y en avait, j'imagine que des missionnaires chrétiens, entrant dans une forêt pluviale, étonneraient les indigènes en leur racontant l'histoire de Jésus. Je les vois, ces indigènes, yeux écarquillés (comme nous dans notre enfance), écoutant la légende de cet homme qui marchait sur les eaux, guérissait en touchant, s'adressait directement à Dieu – et est ressuscité d'entre les morts. Mais il est de plus en plus difficile de provoquer le même étonnement chez les chrétiens d'aujourd'hui, convertis il y a plusieurs siècles. Heureusement, la connaissance de Dieu est un état miraculeux en lui-même. C'est le grand bond dans l'évolution que Jésus a promise à ses disciples, bien plus riche que la simple écoute de son histoire miraculeuse, génération après génération.

« Je n'étais pas allé à l'église depuis des années, m'a récemment confié un ami, mais comme la nostalgie me tenaillait, je me suis rendu seul à la messe de minuit. Cette église est rattachée à un monastère. Lorsque j'y suis entré, l'air était plein d'encens. Les moines en robe de bure formaient un cortège ;

on entendait une chorale de garçons chanter au-dessus de nos têtes. L'endroit scintillait dans la lumière douce et ambrée des bougies. À l'entrée, il y avait même un évêque avec sa crosse, qui nous remerciait d'être venus. J'avais l'impression d'être dans un tableau médiéval.

« L'état dans lequel je me trouvais est difficile à décrire. La cérémonie était édifiante, et une partie de moi-même ne pouvait y résister ; mais je suis divorcé, mes cartes de crédit sont saturées, aucune de mes prières n'avait été exaucée au moment où j'en avais le plus besoin. Le fondamentalisme me répugnait, mais je me dégoûtais moi-même de ne plus croire en rien. Ce jour-là, assailli par un tas de souvenirs, j'ai ressenti à la fois un immense désir et une profonde tristesse. »

Les belles dispositions d'esprit qu'inspire le christianisme sont puissantes mais éphémères, et elles découlent toutes de la vie de Jésus. Une grande partie de ce que Jésus a dit ne s'applique plus aujourd'hui. Jésus a déclaré qu'il était venu sur Terre pour accomplir une prophétie. Ceux qui l'écoutaient ne la connaissaient que fort bien, cette prophétie : un messie apporterait le règne de Dieu sur Terre, bouclant ainsi la boucle de la Bible. On retrouverait le paradis, et Jésus y conduirait une nouvelle race d'Adam et d'Ève.

C'est exactement ce qui est arrivé à au moins un homme, Paul, qui a répandu la bonne nouvelle d'un « nouveau Ciel » et d'une « nouvelle Terre » partout où il passait, en Palestine, en Syrie et bien au-delà. Sa conversion avait été spectaculaire. De sceptique persécutant les premiers chrétiens, il s'est transformé en croyant fervent. La tradition veut qu'il ait été aveuglé par une lumière sur le chemin de Damas et qu'il ait entendu Jésus lui dire : « Pourquoi me persécutes-tu ? » Comme cette histoire ne vient pas de Paul lui-même, elle est sans doute très exagérée. Mais l'explosion de l'esprit dans la vie est bien réelle. Pour les générations suivantes qui recherchaient le salut, ce que Paul a vécu est devenu un modèle : en un clin d'œil, le pécheur a vu la lumière et a reconnu Dieu. Cette histoire comble également un vide, puisque, malgré tout ce que nous disent les Évangiles à propos de Jésus, on y trouve peu de commentaires au sujet de *son* chemin vers Dieu. Dans le Nouveau Testament, Jésus ne se convertit pas, car il n'a aucun péché à se faire pardonner. Mais a-t-il suivi un parcours particulier avant de découvrir qu'il était le Messie ? Les auteurs des Évangiles ne le disent pas ; et Jésus lui-même ne mentionne jamais sa découverte de Dieu.

D'après la chronologie, Jésus est allé à Jérusalem à l'âge de douze ans et a été baptisé par Jean-Baptiste vers ses trente ans. L'épisode très symbolique qui s'est produit quand il avait douze ans n'est relaté que dans l'évangile de Luc : comme ils le font chaque année, Marie et Joseph se rendent à Jérusalem pour la Pâque ; ils y sont contraints par la loi et les coutumes. (Curieusement, Jésus n'ira à Jérusalem qu'une seule fois à l'âge adulte, ce qui contreviendra à la loi et aux coutumes.) Après la Pâque, lorsque ses parents entament le voyage de retour vers Nazareth, ils découvrent que Jésus n'est pas là. Inquiets, ils font demi-tour et se mettent à sa recherche. Trois jours plus tard, ils le retrouvent au temple, écoutant les docteurs de la loi.

Jusque-là, l'élément symbolique le plus évident est cette recherche de trois jours, préfigurant ainsi les trois jours précédant la résurrection du Christ. À un niveau plus profond, les histoires se ressemblent : Jésus disparaît et est retrouvé. Lorsque ses parents le retrouvent, Jésus est « assis au milieu des docteurs de la loi, les écoutant et les interrogeant. Tous ceux qui l'entendaient étaient frappés par son intelligence et ses réponses » (Luc 2, 46-47). La mère reproche à son fils de les avoir abandonnés : « Mon enfant, pourquoi as-tu agi de la sorte avec nous ? Voici, ton père et moi, nous te cherchions avec angoisse. » Ce à quoi Jésus répond : « Pourquoi me cherchiez-vous ? Ne saviez-vous pas qu'il faut que je m'occupe des affaires de mon Père ? » (Luc 2, 48-49).

Nous entendons déjà la voix de Jésus adulte, si sûr de son identité. Mais Marie et Joseph ne sont que des parents. « Mais ils ne comprirent pas ce qu'il leur disait. Puis il descendit avec eux pour aller à Nazareth, et il leur était soumis. Sa mère gardait toutes ces choses dans son cœur » (Luc 2, 50-51).

L'auteur de l'Évangile nous livre un autre aspect de Jésus adulte : sa douceur. Mais, à partir de ce moment, la vie de Jésus devient plus obscure. Nous n'apprenons plus rien d'autre, sauf ce petit détail : « Et Jésus croissait en sagesse, en stature, et en grâce, devant Dieu et devant les hommes » (Luc 2, 52). On comprend par là que, malgré sa sagesse précoce, Jésus pouvait encore grandir, ce qui supposait qu'il suivait un chemin, mais lequel ? Par comparaison, la métamorphose de Bouddha, prince choyé, en Bouddha, être compatissant, fourmille de détails biographiques (la plupart recueillis, des centaines d'années après, grâce à des légendes, des mythes et des contes).

Délivrance égale unité

L'histoire occulte peut être la vie de Jésus, mais elle ne peut en cacher la lumière. La délivrance promise aux Juifs du Ier siècle a une résonance universelle. Nous n'attendons peut-être pas d'être délivrés des persécutions des Romains, mais, à notre manière, nous espérons le salut. Les Évangiles décrivent une vérité que nous voulons encore entendre, étant donné que certaines conditions n'ont pas changé dans nos vies. Des gens souffrent encore et se sentent abandonnés ; ils continuent à aspirer à une réalité transcendante. Tous les problèmes qui découlent de l'ego et de son extrême isolement continuent à accabler l'existence de chaque être. La délivrance dont ont besoin les gens aujourd'hui ne vaincra pas César, mais elle vaincra la dualité. Jésus représente le symbole du moi transcendant qui enlève toute pertinence à l'ego et transforme la dualité en unité avec Dieu.

L'unité reste un concept mystérieux ; de nombreuses personnes engagées sur le chemin de la spiritualité ne peuvent même pas la concevoir. Elles s'imaginent que leur objectif est d'atteindre un plus grand bonheur, la paix de l'esprit et la sagesse. Jésus, lui, présente une vision claire de cet objectif. Pour lui, l'« unité » est un concept abstrait tant qu'on ne l'associe pas à sa description de l'expérience. Voici, brièvement, les meilleurs indices que nous tenons de lui :

Jésus se voit comme étant au-delà de la mort. « Et voici, je suis avec vous tous les jours, jusqu'à la fin du monde » (Matthieu 28, 20).

Il considère que son enseignement transcende l'histoire, voire le temps. « Le Ciel et la Terre passeront, mais mes paroles ne passeront point » (Matthieu 24, 35).

Il englobe tous les humains dans son être. « Déjà, vous êtes purs, à cause de la parole que je vous ai annoncée. Demeurez en moi, et je demeurerai en vous » (Jean 15, 3-4).

Il considère l'unité comme le seul moyen d'échapper à la mort et à la destruction. « [...] car sans moi vous ne pouvez rien faire. Si quelqu'un ne demeure pas en moi, il est jeté dehors, comme le sarment, et il sèche ; puis on ramasse les sarments, on les jette au feu et ils brûlent » (Jean 15, 5-6).

Il tient la sensation de l'amour pour divine. « Comme le Père m'a aimé, je vous ai aussi aimés. Demeurez dans mon amour » (Jean 15, 9).

Tout questionnement spirituel cesse avec lui. « Tout pouvoir m'a été donné dans le Ciel et sur la Terre » (Matthieu 28, 18).

Traditionnellement, ces passages et des douzaines d'autres attestent du fait que Jésus est certain d'être le Messie ; mais on peut les interpréter comme l'expression sincère d'un homme unifié. Jésus ne nous dit pas comment parvenir à l'unité ; nous ne pouvons donc pas comparer l'avant et l'après. (En revanche, Bouddha nous livre un récit spectaculaire de la vie de prince et de guerrier qu'il a menée avant de découvrir la connaissance. Mais, tout comme Jésus, il parle rarement de lui-même après qu'il a atteint l'unité.)

Certaines formes de l'unité se dégagent clairement. L'unité est :

- impersonnelle ;
- puissante ;
- immortelle ;
- omnisciente ;
- créatrice ;
- aimante.

Les quatre Évangiles peuvent nous confondre à plusieurs égards, mais pas à ceux-ci. Nous voyons en Jésus une personne dont le petit « je » s'est fondu au « je » universel, et dont le comportement illustre ce changement.

C'est la raison pour laquelle Jésus s'est montré si évasif. Les formes de l'unité ne se traduisent pas en termes terre à terre et humains. Le christianisme a tout fait pour humaniser Jésus, car on ne peut pas concevoir que quelqu'un soit transcendant au point où les qualités que nous chérissons le plus – l'amour et la compassion – puissent être évacuées de sa réalité. En Inde, la tradition de l'unité est plus ancienne et plus modérée : le fait qu'on n'y fasse pas appel à la foule n'est pas un problème. Dans ce contexte, on y décrit l'unité dans des termes moins humains :

- qui n'est pas encore née ;
- éternelle ;
- libre ;
- illimitée ;
- inexprimable ;
- indicible ;
- insaisissable à l'esprit et aux cinq sens.

Maintenant, nous effaçons tout ce à quoi nous nous identifions en tant qu'êtres humains. Vous et moi acceptons notre naissance et notre mort, alors qu'une personne unifiée pense qu'elle a été trompée par les apparences et que seul le corps physique naît et meurt. Vous et moi, nous nous sentons limités dans nos actions : nous valorisons notre habileté à exprimer ce que nous sommes et ce que nous ressentons, mais nous demeurons à l'intérieur de certaines limites et nous avons peur de nous aventurer au-delà. Pour une personne unifiée, tout cela est pure illusion.

Jésus étant unité – il le répétait constamment –, nous devons accepter que son expérience ne puisse être comprise grâce au simple fait que nous élargissons la nôtre. Il est toujours tentant de faire le syllogisme suivant : j'aime mes enfants, Jésus dit qu'il m'aime, donc Jésus m'aime comme j'aime mes enfants. Eh bien non, dans ce cas-ci, l'équation ne tient pas. Jésus m'aime d'une manière que je ne pourrai pas sonder tant que je ne parviendrai pas moi-même à l'unité. Il m'invite à prendre le chemin de la spiritualité afin de trouver quelque chose qui soit au-delà des mots, au-delà même de ses propres paroles. L'unité est le destin qui défait l'emprise du destin – ce mauvais sort qui efface tout ce qui est venu avant et qui viendra après. Quelles que soient les nombreuses manières de la reformuler, on ne peut comparer l'unité à rien d'autre qu'à elle-même. Le miracle et la joie, c'est de voir à quel point l'objectif présenté par Jésus est beau, même à nos yeux aveugles.

QUE FERAIT JÉSUS ?

Je ne saurais conclure un ouvrage à propos de Jésus sans aborder la crise sociale qui secoue actuellement le christianisme, non seulement en Amérique du Nord, mais partout dans le monde. Certains mouvements ont détourné la foi en violant l'enseignement de Jésus qu'ils prétendaient défendre. Et ce qui était une religion de l'amour a bifurqué de façon alarmante vers la haine, même si cette haine n'est pas encouragée du haut de la chaire. Il n'en reste pas moins que ce que l'on y enseigne est l'intolérance aveugle.

Récemment, j'ai vu un reportage à la télévision concernant un nouveau mouvement dans le domaine de l'éducation, les Christian Law Schools. Insatisfaits de deux cents ans de séparation de l'Église et de l'État, ou du fait que la Constitution ne mentionne pas Dieu une seule fois, il semble que les fondamentalistes aient adopté une nouvelle voie. Ils enseignent aux étudiants que les lois civiles et criminelles sont inscrites dans les commandements de Dieu. Dans ce reportage, une diplômée d'une de ces nouvelles écoles de droit – resplendissante jeune femme – était interviewée. Elle déclarait : « Nous ne cherchons pas à endoctriner qui que ce soit, mais plutôt à partager la vérité et à nous appuyer sur celle-ci pour reprendre le contrôle de nos vies. » Aimable, posée, cette femme était à l'opposé du stéréotype de la personne intolérante. Mais à peine le mot « vérité » était-il sorti de sa bouche que l'on sentait quelque chose d'inquiétant planer derrière ses propos. « Je crois à la vérité absolue, a-t-elle ajouté, et non à la vérité grise ou relative. La vérité absolue est là où se situe la parole de Dieu. » Cette femme, pourtant affable et raisonnable, venait de franchir la zone dangereuse du fanatisme. C'était jour de remise des diplômes dans son école chrétienne de droit, en Virginie – une école qui, grâce à son fondamentaliste fervent agissant comme agent d'embauche, allait installer plus d'une centaine de finissants aux commandes des échelons les plus élevés de la fonction publique à Washington.

Sûrs d'eux-mêmes, d'autres finissants ont affirmé ensuite que la parole de Dieu sert de base ultime à la loi, en tout lieu et en tout temps. Ces jeunes avocats chrétiens ambitieux étaient déterminés à rejeter les droits des gais, ainsi que le droit à l'avortement légal et la recherche sur les cellules souches. Seule comptait pour eux la prière. Pourquoi ne leur avait-on pas dit que la parole de Dieu (c'est-à-dire la Bible) est entièrement hors limite dans un État laïque, et que le visage de Dieu n'est pas uniquement chrétien ? Des aînés les avaient égarés en leur faisant croire que la « parole de Dieu » doit soutenir des politiques réactionnaires.

Dans les articles à sensation sur le dénigrement des gais et sur les attentats contre des cliniques d'avortement, les médias se gardent bien de relier ces agissements au dogme fondamentaliste, mais leur déclaration d'intention est fallacieuse. La société, habituée aux « deux côtés de la médaille », a fini par croire que l'intolérance est l'envers vertueux du débat social. Après tout, les fondamentalistes chrétiens ne proclament-ils pas leur attachement à la vie, aux valeurs familiales et à la pratique religieuse ?

À la longue, cette tendance pourrait paralyser le christianisme. Des forces réactionnaires et progressistes s'affrontent pour prendre le pouvoir, et il serait difficile de trouver un cas où les réactionnaires ne l'ont pas emporté. Ces derniers assimilent la lecture de la Bible au fait d'être bon chrétien, en dépit de la montagne de preuves – dont une fraction fait partie des Évangiles – démontrant que les enseignements de Jésus ont été truqués, obscurcis, modifiés, corrompus, voire perdus au cours des siècles. Les tentatives de retourner à la pureté originelle du christianisme sont vouées à l'échec, mais cela ne fait qu'attiser l'ardeur des fondamentalistes.

L'ironie tragique qui se cache derrière cette crise est fort bien illustrée par le slogan préféré des fondamentalistes : « Que ferait Jésus ? » On a vu cette petite phrase sur une foule d'autocollants, ou pendant certaines courses à la présidence. Et même si la nouveauté du slogan se dissipe, d'innombrables chrétiens (et pas seulement les fondamentalistes) s'en servent comme d'une pierre de touche morale. Sans s'en rendre compte, ils sont revenus à la tradition médiévale de l'*Imitation de Jésus-Christ*.

Pourquoi tout cela est-il inquiétant ? À première vue, l'image d'un Jésus doux, compatissant, affectueux et indulgent constitue un modèle impeccable de moralité. Mais, comme nous l'avons vu, Jésus ne colle pas à cette image simpliste. Et nous ne pouvons pas extrapoler à partir des textes des Évangiles. Les Évangiles n'apportent pas de solutions claires aux enjeux sociaux qui divisent le christianisme. En fait, les conflits qui entourent les droits des gais et le droit à l'avortement, par exemple, ne font que s'aggraver quand on relie ces choix moraux à Jésus. Si quelqu'un posait sérieusement la question : « Que ferait Jésus ? », la première interrogation devrait être : « Que ferait Jésus à propos du gâchis dans lequel se trouve le christianisme ? »

L'avortement – Le débat sur l'avortement chevauche deux mondes, le laïque et le religieux. Nous pensons avoir un pied dans ces deux mondes, ce qui contribue à compliquer, dès le départ, la question de l'avortement. Nous parlons deux langues différentes, et aucune traduction n'englobe les deux. Sur le plan laïque, mettre fin à une grossesse est un geste médical ; la décision se prend pour des raisons personnelles ou biologiques. Juridiquement, une femme a des droits sur son corps. Lorsque l'avortement se fait assez tôt, le fœtus ne représente qu'une forme primitive de vie humaine, un minuscule agglomérat de cellules. En termes moraux, la position laïque veut que la femme et son mari prennent leur décision en privé. Mais certains voudraient que ce choix ne relève que de la femme et de personne d'autre.

Sur le plan religieux, aucun de ces arguments ne peut convaincre les chrétiens traditionalistes. Pendant des siècles, l'Église catholique a estimé que le fœtus était sacré, et cela dès les premiers moments de la conception. Les fondamentalistes ont épousé ce point de vue, ils ne l'ont pas inventé. Pour le fondamentalisme, les Saintes Écritures sont la source de toute vérité, parce qu'elles sont foncièrement divines. En revanche, l'Église catholique a modifié les Saintes Écritures depuis les tout débuts afin que le sens littéral du Nouveau Testament soit au cœur de la croyance. Une foule de saints, de conseillers sacerdotaux, de théologiens érudits et de papes ont modifié les enseignements de Jésus, tout en reconnaissant son autorité. À première vue, il devrait exister un grand antagonisme entre les catholiques et les fondamentalistes. Mais pour s'entendre au sujet de l'avortement, ils ont passé outre à leur longue rivalité.

Prétendre que Jésus a condamné l'avortement, ce serait choisir un Jésus bien précis, soit un rabbin orthodoxe qui conseille à ses disciples d'obéir aux lois de Moïse. Comme l'Ancien Testament condamne l'avortement, cela permet aux adversaires de l'avortement d'esquiver un problème important : Jésus ne le mentionne même pas ! Par le fait même, il n'aborde pas les questions entourant le débat : À quel moment l'âme pénètre-t-elle dans le corps de l'enfant ? Comment concilier la santé de la mère et la survie du fœtus ? Qui possède des droits sur le corps de la femme ? En raison de cette rupture totale entre le langage laïque et le langage religieux, Jésus ne peut aider à résoudre le problème.

Il y a plus d'un Jésus, et celui qui obéit de façon stricte aux lois de Moïse n'est pas celui qui pardonne et fait preuve de tolérance. Ce n'est pas non plus le Jésus qui réprimande les pharisiens qui ne suivent pas la loi à la lettre, ou qui en ignorent l'esprit. Les fondamentalistes ignorent ces Jésus. Mais s'ils préfèrent le Jésus sévère, alors que pensent-ils de son ordonnance formelle contre le divorce ? Mais il y a aussi le Jésus mystique, qui voit le monde comme une illusion et qui a nié explicitement être venu sur Terre pour régler les affaires terrestres. En disant à Pilate que son royaume n'est pas de ce monde, Jésus fait une affirmation d'ordre général. Et, à moins que nous décidions de faire parler l'Église en son nom, nous devons reconnaître qu'il ne donne jamais son appui à la cause des adversaires de l'avortement.

Les droits des gais – Le christianisme condamne l'homosexualité depuis des lustres. Encore une fois, cette condamnation nous vient de l'Ancien Testament. Jésus est muet à ce propos. Il est impossible d'enfermer Jésus dans les coutumes de son époque, car, bien qu'il respecte les mœurs de ceux qui l'entourent, il ne se gêne pas pour les critiquer. La parabole du bon samaritain semble fort appropriée ici : un homme blessé est étendu dans un fossé et les passants honnêtes l'ignorent ; seul un bon samaritain démuni lui offre son aide. Si les fondamentalistes veulent prendre exemple sur Jésus, ils doivent admettre que cet enseignement fait la preuve qu'il était du côté des humiliés.

Récemment, un ami m'a parlé d'une rencontre qu'il avait eue avec un prêtre épiscopalien. « C'était il y a plusieurs années, au moment où les épiscopaliens ont voté pour permettre à un gai de devenir évêque. J'ai abordé le sujet avec un prêtre et je lui ai demandé comment il avait voté. "Contre", m'a-t-il répondu du tac au tac. Je lui ai demandé pourquoi. "Parce que le mode de vie des gais va à l'encontre des souhaits de Dieu."

« Je lui ai demandé comment il pouvait bien savoir quel mode de vie contredisait les souhaits de Dieu, étant donné que Jésus ne mentionne jamais l'homosexualité. "Il y a l'Ancien Testament, m'a-t-il répondu, et de toute façon, nous le savons, un point c'est tout."

« Je ne suis pas un chrétien engagé, mais sa véhémence m'a stupéfié. "Et qu'en est-il de la polygamie ? lui ai-je demandé. Et de cette coutume voulant qu'un homme qui divorce puisse mettre sa femme à la porte ? Sans oublier la soumission totale des femmes. Tout cela existe bien dans l'Ancien Testament, n'est-ce pas ?"

« Il est resté imperturbable. "Les temps changent", a-t-il murmuré. "C'est exactement cela", lui ai-je répondu, mettant ainsi un point final à la discussion. »

Mon ami avait adopté un point de vue rationaliste. Les coutumes changent au fil du temps, mais il n'est pas correct de n'accepter le changement que lorsqu'on est d'accord avec lui, et de le refuser en citant la Bible quand on ne l'est pas. C'est précisément le genre d'hypocrisie dont parle Jésus quand il accuse les docteurs de la loi, qui adaptaient cette dernière selon leurs préjugés. Pouvons-nous aller plus loin et prétendre que Jésus n'aurait pas mis l'homosexualité sur la liste des péchés ? C'est une question délicate, car Jésus est venu sur Terre pour pardonner tous les péchés. Lors de la dernière cène, il dit clairement que le fait de verser son sang est le signe d'un nouveau contrat entre l'homme et Dieu – soit le pardon des péchés. Nous n'avons besoin de l'avis de personne pour décider si Jésus a condamné ou non l'homosexualité. Ce que nous savons, en revanche, c'est que les deux voleurs, de chaque côté de la croix, étaient de grands pécheurs, et que Jésus leur a pourtant offert le royaume de Dieu, sans les condamner ni les approuver. La grâce de Dieu ne fait subir aucune épreuve de vérité.

Les droits de la femme – Pour un grand nombre de chrétiens traditionalistes, les femmes sont des membres de deuxième classe de l'Église – et parfois moins que cela. Les épiscopaliens sont profondément divisés, non seulement au sujet des gais, mais au sujet du droit des femmes à embrasser la prêtrise. L'Église catholique n'en démord pas : un prêtre doit être un homme, célibataire et chaste. Et cela en dépit du fait qu'au cours des six siècles postérieurs à la mort du Christ les prêtres ne devaient être ni l'un ni l'autre et que, dans plusieurs sectes gnostiques, les femmes bénéficiaient du même statut que les hommes – les sources d'inspiration étant transmises directement et indistinctement par les femmes ou les hommes à l'intérieur de la congrégation.

Jésus ne vivait pas à une époque où le statut de la femme était discuté comme il l'est aujourd'hui. Son intervention la plus connue envers une femme est le pardon de l'adultère. L'anecdote, relatée dans l'Évangile de Jean, se rapporte probablement à Marie Madeleine, mais ce n'est pas certain. Les évangiles gnostiques, découverts à la fin des années quarante mais diffusés à grande échelle une trentaine d'années plus tard, ont scandalisé de fervents chrétiens en raison du fait que Marie Madeleine y figure en tant que disciple. Jésus la défend lors d'une dispute avec Simon Pierre, qu'il va jusqu'à condamner pour son comportement envers les femmes.

Cette élévation de Marie Madeleine à un statut privilégié va à l'encontre de la tradition chrétienne, et elle illustre aussi la bataille – perdue d'avance – que le pardon a suscitée au sein de l'Église. Les femmes portent le poids des péchés d'Ève depuis les premiers temps du judaïsme. (Certains spécialistes de la Bible font remonter cette calamité aux premières migrations, lorsque les Juifs sont entrés en contact avec des civilisations qui adoraient des déesses. Ces spécialistes, voulant se démarquer une fois pour toutes du culte de déesses, ont fait de la femme la source de tout mal, et ils ont magistralement réussi leur coup !) L'histoire d'Ève a mis en place un système de croyances qui a subsisté jusqu'à l'ère chrétienne. En bref, on prétendait alors que les femmes résistaient mal à la tentation, et que leur charme sexuel était une tare morale qui faisait d'elles des ennemies de Dieu.

Les premiers chrétiens, eux, ont fait de Jésus le nouvel Adam, mais cela ne les empêchait pas de tenir mordicus à l'ancienne Ève. Les mœurs sociales se sont avérées plus fortes que le Messie et, en conséquence, à l'époque de Paul, quelques décennies à peine après la Crucifixion, on ne pardonnait toujours pas aux femmes, ces pécheresses. Pis que cela, Paul a adopté cette attitude comme partie intégrante des valeurs officielles de l'Église.

C'est pour contrer l'image d'Ève que l'image de Marie est apparue. Dans le *Je vous salue, Marie*, l'expression « pleine de grâces » renvoie à la doctrine de l'Église qui exempte Marie du péché originel. Mais Marie n'est pas à l'abri de tout soupçon. Au XVe siècle, l'Église reconnaît l'Immaculée Conception, mais, du même souffle, elle déclare que les catholiques sont libres de croire ou de ne pas croire à la pureté de Marie. Ce n'est qu'en 1942 que le pape proclame le dogme sacré de l'Immaculée Conception. (Soyons clair : Immaculée Conception n'a rien à voir avec virginité. Le premier concept renvoie à Marie née sans péché, tandis que le second renvoie au fait que Jésus a été conçu sans qu'il y ait rapport sexuel.)

Les chrétiennes se sont souvent retrouvées coincées entre Ève et Marie – soit calomniées, soit idéalisées. Ce qui ne leur laissait pas une grande marge de manœuvre. Pourtant, d'un point de vue strictement logique, les femmes ne sont pas les filles d'Ève ; leur sexualité n'est pas un péché ; leur proximité avec Dieu est la même que celle de l'homme. Pour une personne qui vit en dehors du domaine de la foi, ces réalités vont de soi. Mais la religion repose sur une vision métaphysique du monde qui ne s'accorde pas avec la raison. Le monde miraculeux de Jésus n'est pas raisonnable, et celui qui croit fermement à ce monde est immunisé contre les arguments du monde laïque. Ève et Marie sont diamétralement opposées, et pourtant l'héritage de chacune est d'ordre surnaturel. On dit que sans la femme le mal, non plus que le salut miraculeux, ne ferait pas partie de ce monde, et l'on ajoute que la femme est capable du pire péché comme de la plus grande pureté.

C'est un domaine où les fondamentalistes ont un pas d'avance sur beaucoup de chrétiens. Comme il s'agit d'un mouvement protestant, le fondamentalisme a abandonné la doctrine de l'intercession de la Vierge Marie et ne pratique quasi aucun culte de la sainteté. Dans plusieurs sectes, les femmes prêchent librement, et dans la tradition pentecôtiste, chaque sexe a droit de parole – un héritage qui remonte aux gnostiques. L'ironie, dans tout cela, c'est que l'aile la plus réactionnaire du christianisme est la plus progressiste en ce qui concerne les femmes !

La guerre – Mêler guerre et religion est toujours fatal, mais c'est hélas chose courante. Jésus est la personne la moins susceptible de justifier la guerre. Le mot « paix » apparaît 344 fois dans la Bible. Pour des gens aussi déchirés par les conflits que les Juifs, dont l'histoire est inséparable de la violence exercée contre eux, le Messie était avant tout un pacificateur. Par contraste, et bien que la Bible emploie le mot « guerre » 231 fois (sans compter ses synonymes, « combat » et « conflit »), le mot n'apparaît nulle part dans les quatre Évangiles. (En revanche, le mot « guerre » est présent dans le livre des Révélations, qui décrit la guerre entre le bien et le mal dans laquelle sont engagés les quatre chevaliers de l'Apocalypse, Satan, l'archange saint Michel, une foule d'anges et de démons, et le Christ lui-même.)

En annonçant la venue du Messie, le prophète Isaïe déclare : « Donner à l'empire de l'accroissement, et une paix sans fin au trône de David et à son royaume » (Isaïe 9,6). Dans les psaumes, on prie constamment Dieu pour la paix, et même si l'on y recherche d'abord et avant tout la paix politique, la paix personnelle et universelle y a aussi sa place. Lorsque Jésus arrive pour apporter la paix, sa mission commence chez les Juifs, mais il la destine à tous.

Jésus mentionne la paix pour la première fois dans son sermon sur la Montagne : « Heureux ceux qui procurent la paix, car ils seront appelés fils de Dieu ! » (Matthieu 5, 9). Par la suite, il fait une déclaration incendiaire et contradictoire : « Ne croyez pas que je sois venu apporter la paix sur la Terre ; je ne suis pas venu apporter la paix, mais l'épée » (Matthieu 10, 34). À la lumière de ces nombreux moments où Jésus se présente comme un pacificateur, cette déclaration est déconcertante. On peut la comprendre un peu mieux si l'on pense à l'émoi que crée l'exposition à la vérité divine. Et l'épée se veut sans doute un symbole des bouleversements et des transformations que les êtres vivent intérieurement. Et nous négligeons peut-être le contexte dans lequel Jésus a fait cette déclaration.

Tout le monde – et pas seulement les fondamentalistes – peut se dire que Jésus serait en faveur d'une « guerre juste » approuvée par Dieu. Mais les Saintes Écritures contredisent cette hypothèse. Jésus utilise souvent les expressions « Allez en paix » et « Soyez en paix » – qui apparaissent plus d'une quinzaine de fois dans les Évangiles. À la naissance de Jésus, les anges chantent la paix sur la Terre aux hommes de bonne volonté. Cette idée, de même que celle de l'amour, surgit souvent lorsque Jésus parle de façon simple. Il conseille à ses disciples : « Dans quelque maison que vous entriez, dites d'abord : "Que la paix soit sur cette maison !" » (Luc 10, 5). À cause du climat politique qui règne présentement aux États-Unis, la droite religieuse invoque Dieu pour justifier la guerre contre le terrorisme islamique. L'idée que Dieu, et non Jésus, appuie la guerre découle de la belligérance du Jehovah de l'Ancien Testament. Je trouve du reste significatif que l'on parle très peu de Jésus dans la guerre contre al-Qaida. Le parti pris du Messie envers la paix embarrasse sans doute le christianisme moderne, qui le met de côté en invoquant Dieu.

Mes pensées reviennent sans cesse à la jeune diplômée souriante de l'école chrétienne de droit qui, au cours de la cérémonie, a dit : « Je crois à la vérité absolue, et non à la vérité grise ou relative. La vérité absolue est là où se situe la parole de Dieu. » Se rendait-elle compte que ses paroles faisaient écho à l'idéologie du djihad, dont les partisans considèrent leur vérité comme si absolue et si divine qu'ils n'hésitent pas à se suicider allègrement, une ceinture de bombes serrée autour de la taille ? Le grand danger de prier Dieu au départ d'une guerre, c'est que l'ennemi fait de même. Dès que la guerre devient un affrontement mettant aux prises des absolus, il n'y a plus de place pour l'indulgence. La vérité absolue est une vérité aveugle. Lorsque des idéologies opposées se disputent pour savoir qui détient la vérité, elles tombent dans le même panneau. Les guerres déclenchées au nom de Dieu s'éloignent aussi loin de la vérité qu'il est possible. Les conditions et les conséquences catastrophiques d'une guerre ne se justifient pas en termes spirituels.

Je sais que les lecteurs du présent ouvrage risquent fort peu d'être des fondamentalistes chrétiens. Je sais aussi que les défauts de la droite religieuse sont si largement connus que l'on peut se demander pourquoi il faut les dénoncer une fois de plus. Si je le fais, c'est parce que la crise du christianisme est un défi qui me pousse à l'action. Il y a vingt-cinq ans, très peu d'observateurs prévoyaient que les mouvements religieux réactionnaires deviendraient aussi puissants et véhéments. Les déchirements sociaux sont plus âpres que jamais. En conséquence, la transmission du message de Jésus ne peut tomber mieux.

Que ferait Jésus ? Je suis certain qu'il ne renverrait pas les questions religieuses à un code figé ou à l'autorité ecclésiastique ; il ne s'inclinerait pas devant les pressions sociales ; il ne s'empresserait pas de s'élever au-dessus de ceux que l'on qualifie de pécheurs. Les gens qui font cela ne sont pas motivés sur le plan spirituel. Ils se raccrochent à l'aspect le plus bas de la nature humaine : la tendance à condamner et à punir tout ce qui est différent. Vous et moi ne pouvons changer le comportement de la droite religieuse ; mais la passivité de plusieurs chrétiens modérés et libéraux – cette passivité qui les pousse à souffrir en silence ou à ignorer les événements qui se déroulent sous leurs yeux – est destructrice.

On parvient à la croissance personnelle en agissant selon sa vision spirituelle. Si Jésus est votre modèle de grandeur spirituelle, ses principes doivent vous pousser à agir.

Le courage – Jésus a fait la preuve de sa bravoure face à d'énormes obstacles. Il savait qu'en résistant au mal il se rapprochait de Dieu. Jésus personnifie plus d'un modèle, mais, par son courage, il incarne le héros. Un héros, c'est d'abord un homme seul contre l'Univers mais qui finit par représenter un nouveau monde. La peur, qui a plusieurs visages, est l'ennemie du courage. On peut avoir peur d'être différent, de subir un échec, une humiliation, ou d'être ostracisé, mais ce ne sont là que les reflets d'une seule et même condition : l'enfermement dans des frontières. Les bigots, ces gens intolérants, peuvent sembler braves ; pourtant, parce que leur combat se résume à élever des murs et à en fermer d'autres, ils n'agissent que par peur. Lorsque vous vous rendez compte de cela, le chemin de la spiritualité s'ouvre devant vous. Vous découvrez qu'un simple objectif – surmonter votre peur – est le but essentiel de toute quête. Le courage se renforce lorsqu'on fait tomber les frontières.

Dire la vérité – La vérité libérant les individus, Jésus s'en est servi comme agent de changement. Lorsque vous dites la vérité, vous parlez à la vérité des autres. Ils se cachent peut-être leur propre vérité, mais vous vous efforcez de les libérer et, en cours de route, vous raffermissez votre propre vérité. Les mots-clés, ici, sont « ma vérité ». Cette vérité qui est personnelle, relative, et qui n'a rien à voir avec la vérité absolue de Dieu. Mais dire de la vérité qu'elle est relative ne veut pas dire qu'elle est faible. « Relative » renvoie au fait nous avons chacun notre perspective et que nous ne pouvons voir avec les yeux de quelqu'un d'autre.

Empathie et tolérance – Dans une société divisée, les gens se donnent bien des raisons de ne pas manifester de l'empathie à l'égard de leurs semblables. Nous les connaissons, ces raisons. Nous ne nous sentons bien qu'en présence de gens qui nous ressemblent et pensent comme nous – ce qui nous conforte dans l'idée que « nous » avons raison et que « les autres » ont tort. Il devient alors difficile de voir la vérité. Essayez d'imaginer un instant que des gens dont les valeurs s'opposent carrément aux vôtres croient avoir tout aussi raison que vous.

Dans ce contexte, il est difficile de voir la vérité. Pourtant, rien n'est plus important. Dès qu'ils se disent : « j'ai raison et tu as tort », deux adversaires se mettent sur un même pied. Cette voix, contrôlée par l'ego, est l'ennemie de la croissance spirituelle. L'ego refuse de renoncer à ses certitudes, à son isolement, à ses rivalités et à ses antagonismes. Jésus a décelé clairement le problème, et sa réponse – l'une des plus cohérentes qu'il ait jamais données – était qu'il faut voir le monde avec les yeux des plus humbles, des plus faibles et des plus pauvres.

Jésus nous apprend à pratiquer l'humilité non seulement comme un antidote à l'orgueil, mais aussi comme une stratégie pour nous libérer de l'ego. Avec ses désirs, ses peurs, ses ambitions, ses engouements et ses dégoûts, l'ego domine notre existence, et nous sommes bien peu nombreux à savoir qu'il est un énorme fardeau. Ses soucis sont sans fin, ses anxiétés, insurmontables ; ses victoires sont de courte durée, et son isolement le paralyse. Pour faire voir la vérité à ses disciples, Jésus leur apprenait ce que l'on ressent quand on fait partie des plus pauvres, des oubliés et des solitaires. L'ego n'accepte pas d'être le dernier. Il n'a qu'un seul but : être le premier.

Au moment où j'écris ces lignes, les fondamentalistes religieux tiennent le haut du pavé sur le plan politique. Bien qu'elle soit minoritaire dans la société, la droite religieuse exerce son pouvoir avec obstination et discipline. Selon leur façon de voir, ses partisans se considèrent comme des marginaux, des opprimés ou des incompris. Dans un sens éloigné de ce qu'a enseigné Jésus, les derniers sont devenus les premiers. Mais vous et moi, pouvons-nous comprendre cela ? Bien sûr, chacun a vécu assez de rejets et d'échecs pour savoir ce que cela représente d'être le dernier. Il ne s'agit pas ici de juger la droite religieuse. Porter un jugement serait non seulement futile, mais irait à l'encontre du but recherché. Car la devise qui inspire les fondamentalistes se résume à ceci : « Nous ne disparaîtrons pas tant et aussi longtemps que vous nous haïrez. »

Notre compréhension les ferait-ils disparaître ? Non, mais cela assouplirait leur engagement rigide, qui s'effacerait avec le temps. Rien n'abat mieux les murs que l'acceptation. En acceptant les pauvres et les faibles, Jésus les a affranchis à leurs propres yeux. Il a mis dans leur vie la seule chose qu'ils ne pouvaient créer par eux-mêmes : le sentiment de leur valeur. À chaque étape de la croissance spirituelle, chacun peut offrir ce même cadeau. Nous pouvons découvrir chez les autres une valeur plus grande que celle qu'ils voient eux-mêmes.

Amour et pardon – Dans la crise qui sévit actuellement, ces mots ont une saveur amère. La droite religieuse se félicite de répandre le message d'amour de Jésus, mais elle pratique la condamnation et l'exclusion sociales. Utiliser l'amour pour contrer l'intolérance est futile. Pourquoi tolérerait-on l'intolérance ? Lorsque les fondamentalistes ont commencé à faire des incursions dans les enceintes calmes et sommeillantes des luthériens, des méthodistes et des épiscopaliens, ils y ont été accueillis avec un étonnement poli. Mais lorsqu'ils se sont mis à dire que les gais, les femmes prêtres et l'avortement étaient inacceptables pour les « bons chrétiens », cet étonnement s'est transformé en confusion. Les chrétiens modérés ont cherché un terrain d'entente et n'ont obtenu que des compromis mitigés. Ce type de démarche est inutile lorsque la personne qui vous fait face à la table de négociation se montre intraitable.

Que faire, alors ? Le paradoxe de l'amour chrétien n'est pas nouveau, et l'Église a échoué sans cesse à « aimer ses ennemis ». Ses échecs lui ont permis de ne pas s'élever contre la guerre, l'intolérance et la stigmatisation des minorités sociales. Étant donné que les hautes autorités ne le feront pas à notre place, vous et moi devons régler le problème par nous-mêmes. Ce n'est pas un défi facile, et il n'y a pas de réponse unique. À mesure que nous grandissons sur le plan spirituel, nous devons nous fier de plus en plus à notre capacité d'aimer. Dans des états de conscience supérieure, l'amour est puissance. Le changement qui prend sa source dans le manque d'amour n'est pas un changement valable. Il ne résoudra rien. Deux personnes qui détestent mutuellement leurs idées sont les miroirs d'un même dilemme, et il importe peu que l'une soit fondamentaliste et l'autre, libérale. L'amour englobe beaucoup de choses, mais deux éléments ressortent plus particulièrement : la vérité et l'expérience. Jésus a dit qu'en connaissant la vérité de l'amour on dépasse le manque d'amour et la non-vérité.

En ce début du XXIe siècle, le manque d'amour et de vérité est si présent autour de nous que nous devons assumer notre part de responsabilité. Vous et moi savons à qui nous ne voulons pas vraiment pardonner, et nous connaissons ceux que nous prétendons tolérer. Nous savons ce que cela représente de porter un masque pour des raisons sociales qui n'ont rien à voir avec nos sentiments profonds. C'est la spiritualité qui peut nous extirper de cette situation difficile. L'âme aime et pardonne automatiquement ; elle voit au-delà des divisions, aussi profondes soient-elles ; elle ne porte pas de masque. Et l'âme n'est pas un objectif lointain à atteindre, mais une partie cachée du moi. En fin de compte, toutes les crises sont éphémères. Les questions entourant l'avortement semblent très importantes de nos jours, tout comme l'était, il y a trois ou quatre siècles, la question de savoir si un enfant non baptisé irait en enfer.

Jésus nous a dit que le moment présent était éphémère. Le gagnant d'aujourd'hui sera le perdant de demain, et vice versa. L'espace libéré par un problème résolu est immédiatement occupé par un nouveau dilemme. Dans un monde où gagner et perdre sont les deux faces d'une même illusion, une troisième voie se dessine. Servez-vous de la crise d'aujourd'hui pour croître demain. C'est être chrétien que de s'engager avec amour. Si vous ne vous engagez pas, il vous sera impossible de découvrir votre authenticité. Vous ne pourrez pas prouver votre degré d'amour, de tolérance et d'indulgence avec vos préjugés cachés, votre intolérance et vos jugements. Ce sont les conflits extérieurs qui servent cet objectif – et seulement cet objectif – sur le chemin de la spiritualité. Ils sont le miroir du conflit intérieur qui a besoin d'être guéri. C'est ainsi que vous découvrirez quelle distance vous sépare de votre âme.

En ce sens, nous ne pouvons pas voir le schisme chrétien comme une autre bataille politique lassante, ou comme un concours entre le bien et le mal. Nous devons le voir comme un drame que le monde intérieur projette vers l'extérieur. Vous et moi sommes entraînés dans ce drame parce qu'il s'agit de notre drame. Nous devons nous engager dans la lutte, car cela fait partie de notre contrat spirituel. L'oppresseur et la victime, le délinquant et le maltraité, le faible et le puissant, tout cela existe en nous. Nous ne pouvons supprimer toutes les divisions, mais, sur le plan de l'âme, nous avons résolu celle qu'il fallait résoudre afin d'être en mesure de poursuivre notre voyage, maintenant. Que ferait Jésus s'il était à notre place ? Il continuerait de marcher sur le chemin. Il montrerait tout l'amour, toute la vérité, toute la compassion qu'il incarne. Il ne se ferait pas passer pour celui qu'il n'est pas. C'est lorsqu'il reflétait les conflits de la vie quotidienne – un pan de l'existence qu'il connaissait intimement même s'il s'élevait bien au-delà – que le Fils de l'homme était le plus humain. Notre objectif n'est pas d'imiter Jésus, c'est de devenir partie de lui – ou, comme il le disait, de demeurer en lui. Nous pouvons faire cela, sur le plan de la conscience, en faisant partie du processus continu qui transforme la séparation en unité. Notre vie appartient à ce processus, tout aussi sûrement que la vie du Messie lui appartenait.

Table des matières

Notes

Notes

Notes

Notes

Notes

Achevé d'imprimer en septembre 2008
sur les presses de la Nouvelle Imprimerie Laballery
58500 Clamecy
Dépôt légal : septembre 2008
Numéro d'impression : 809096

Imprimé en France

La Nouvelle Imprimerie Laballery est titulaire du label Imprim'Vert®